FRITSCH/SAILER/SCHMALZL

Geprüfte Schutz- und Sicherheitskraft

Geprüfte Schutz- und Sicherheitskraft

Band 2

Dienstkunde
Gefahrenabwehr sowie Einsatz von Schutz- und Sicherheitstechnik
Sicherheits- und serviceorientiertes Verhalten und Handeln

Fragen, Antworten und Fallbeispiele

Josef Fritsch
Trainer und Sicherheitsberater
Vormals Arbeitssicherheit und Personalentwicklung
Wacker-Chemie AG, München

Bartholomäus Sailer
Dipl.-Verwaltungswirt (FH),
Corporate Security der Siemens AG, München

Dr. Hans Peter Schmalzl
Dipl.-Psychologe,
Zentraler Psychologischer Dienst
der Bayerischen Polizei, München

3., überarbeitete Auflage, 2015

BOORBERG

Autoren
Josef Fritsch, Trainer und Sicherheitsberater, KBT Unternehmergesellschaft (haftungsbeschränkt), vormals Arbeitssicherheit und Personalentwicklung Wacker-Chemie AG, München, Mitglied der IHK-Prüfungsausschüsse Fachkraft für Schutz und Sicherheit sowie Sachkundeprüfung im Bewachungsgewerbe bei der Industrie- und Handelskammer für München und Oberbayern.

Bartholomäus Sailer, Corporate Security der Siemens AG.

Dr. Hans Peter Schmalzl, Diplom-Psychologe, Zentraler Psychologischer Dienst der Bayerischen Polizei, München.

Bibliografische Information der Deutschen Nationalbibliothek | Die Deutsche Nationalbibliothek verzeichnet diese Publikation in der Deutschen Nationalbibliografie; detaillierte bibliografische Daten sind im Internet über www.dnb.de abrufbar.

3. Auflage, 2015
ISBN 978-3-415-05416-5

Titelfoto: © RBV/everythingpossible – Fotolia | Satz: Dörr + Schiller GmbH, Curiestraße 4, 70563 Stuttgart | Druck und Bindung: Kessler Druck + Medien, Michael-Schäffer-Straße 1, 86399 Bobingen

Richard Boorberg Verlag GmbH & Co KG | Scharrstraße 2 | 70563 Stuttgart
Stuttgart | München | Hannover | Berlin | Weimar | Dresden
www.boorberg.de

Vorwort zur dritten Auflage

Die Neuauflage berücksichtigt die Änderungen und Ergänzungen zu den für die Ausbildung „Geprüfte Schutz- und Sicherheitskraft“ mit Rahmenplan des DIHK vorgelegten Handlungsbereichen:

Rechts- und aufgabenbezogenes Handeln: Dienstkunde, Gefahrenabwehr sowie Einsatz von Schutz- und Sicherheitstechnik und Sicherheits- und serviceorientiertes Verhalten und Handeln.

9 Musteraufgaben sowie 301 Fragen und Antworten sind angepasst an den Wissensbedarf einer Sicherheitskraft gewerblicher Sicherheitsunternehmen und betrieblicher Sicherheitseinrichtungen.

Die praxisbezogene Auswahl der Fragen, Antworten und Fallbeispiele zur Überprüfung des Wissensstandes entsprechen inhaltlich dem Bedarf für die Prüfung und die Praxis einer Schutz- und Sicherheitskraft. Angehenden Sicherheitskräften des privaten Sicherheitsgewerbes soll dieses Werk auch bei der Aus- oder Weiterbildung helfen. Dies entspricht unter anderem auch der Zielsetzung des von den Kultusministern der Länder beschlossenen Ausbildungsrahmenplanes nach der Verordnung über die Berufsausbildung zur Fachkraft/Servicekraft für Schutz und Sicherheit vom 21. Mai 2008.

Für die Vorbereitung von Prüfungen liegt mit dieser Neuauflage ein Hilfsmittel für die Sicherheitsfachkräfte vor, das unter bewusster Beschränkung auf wesentliche Aspekte die Prüfungsmaterie der verschiedenen Handlungsbereiche – ausgenommen der Rechtskunde, die in Band 1 behandelt wurde – fallbezogen für die Praxis Fachwissen vermittelt.

Es kam den Autoren in erster Linie darauf an, Fragen, Antworten und Übungsfälle vorrangig auf nicht nur eines der möglichen speziellen Ausbildungsziele des gewerblichen Sicherheitsdienstes auszurichten oder anzupassen, sondern möglichst alle Arten einer Ausbildung, Unterrichtung oder Einweisung einzubeziehen. Im Rahmen der doch sehr unterschiedlichen Praxis der Sicherheitsdienste soll auch den differenzierten Qualitätsanforderungen eines Ausbildungs- oder Einweisungszieles des Sicherheitsgewerbes entsprochen werden.

Josef Fritsch/Bartholomäus Sailer/Hans Peter Schmalzl
im Herbst 2014

Übersicht Band 1 und 2

Band 1

Teil I	Verordnungen und spezielle Rechtsgrundlagen für die Ausbildung
Teil II	Prüfungsfach „Rechtliche Grundlagen für Sicherheitsdienste" – Fragen mit Antworten
Teil III	Prüfungsfach „Rechtliche Grundlagen für Sicherheitsdienste" – Aufsatzthemen

Band 2

Teil I	Dienstkunde – Allgemeine Hinweise zur schriftlichen Bearbeitung einer Klausur – Fallbeispiele mit Lösungsvorschlägen – Prüfungsfragen mit Antworten
Teil II	Gefahrenabwehr sowie Einsatz von Schutz- und Sicherheitstechnik – Fallbeispiele mit Lösungsvorschlägen – Prüfungsfragen mit Antworten
Teil III	Sicherheits- und serviceorientiertes Verhalten und Handeln – Prüfungsfragen mit Antworten

Inhaltsverzeichnis

Teil III
Sicherheits- und serviceorientiertes Verhalten und Handeln
21 Prüfungsfragen mit Antworten

Abkürzungsverzeichnis

Abs.	Absatz
ArbStättV	Arbeitsstättenverordnung
ASiG	Arbeitssicherheitsgesetz
BBiG	Berufsbildungsgesetz
BDSG	Bundesdatenschutzgesetz
BetrVG	Betriebsverfassungsgesetz
BewachV	Bewachungsverordnung
BGB	Bürgerliches Gesetzbuch
BGBl.	Bundesgesetzblatt
BGV	Berufsgenossenschaftliche Vorschriften für Sicherheit und Gesundheit bei der Arbeit
BImSchG	Bundes-Immissionsschutzgesetz
BZRG	Bundeszentralregistergesetz
DA	Dienstanweisung
DGUV	Deutsche Gesetzliche Unfallversicherung
DIHK	Deutscher Industrie- und Handelskammertag
EMA	Einbruchmeldeanlage
FSU	Funkstechuhr
FZV	Fahrzeug-Zulassungsverordnung
GewO	Gewerbeordnung
GG	Grundgesetz
GGVSEB	Gefahrgutverordnung Straße, Eisenbahn und Binnenschifffahrt
GSSK	Geprüfte Schutz- und Sicherheitskraft
HFG	Handfunksprechgerät
IHK	Industrie- und Handelskammer
LAN	Local Area Network
LDSG	Landesdatenschutzgesetz
OWiG	Gesetz über Ordnungswidrigkeiten
POS	Personen- und Objektsicherungssystem
PRA	Personensuchanlage
QRE	Quittungsrufempfänger

SGB	Sozialgesetzbuch
SGB VII	Sozialgesetzbuch Siebtes Buch
StGB	Strafgesetzbuch
StPO	Strafprozessordnung
StVG	Straßenverkehrsgesetz
StVO	Straßenverkehrs-Ordnung
StVZO	Straßenverkehrs-Zulassungs-Ordnung
TKG	Telekommunikationsgesetz
UVV	Unfallverhütungsvorschrift
UWG	Gesetz gegen unlauteren Wettbewerb
WaffG	Waffengesetz
WAN	Wide Area Network

Teil I
Dienstkunde

von Josef **Fritsch,** Trainer und Sicherheitsberater, vormals Arbeitssicherheit und Personalentwicklung Wacker-Chemie GmbH, München, und Bartholomäus **Sailer,** Dipl.-Verwaltungswirt (FH), Corporate Security der Siemens AG, München.

1. Allgemeine Hinweise zur schriftlichen Bearbeitung einer Klausur

Für schlechte Ergebnisse beim Ablegen der Prüfung gibt es eine Reihe von Ursachen. Die nachstehende Auflistung möglicher Fehlerquellen und deren Vermeidung soll helfen, das Ergebnis so optimal wie möglich werden zu lassen.

Fehlerquelle/Auswirkung	Vermeidungsstrategie
Mangelnde Vorbereitung führt zu schlechtem Ergebnis/Nichtbestehen der Prüfung.	Optimales Vorbereiten durch a) Besuch entsprechender Lehrgänge bei qualifizierten Ausbildungsträgern, b) Nachbereitung des Stoffes zu Hause; mit Kollegen, c) Prüfungsvorbereitung durch Teilnahme an Klausurkursen/Übungsklausuren schreiben; erfahrene Kollegen, die es bereits geschafft haben (oder Vorgesetzte), um Hilfe bitten.
Die Bearbeitungszeit ist zu kurz; Aufgabe wird nur teilweise bearbeitet.	– Richtiges „Timing“ einer Klausur trainieren, d.h. die Zeit einteilen in – Lesen der Aufgabe 10 % – Gliedern nach Punkten bzw. chronologischen Abläufen 15 % – Bearbeiten 65 % – Durchlesen der bearbeiteten Klausur 10 %.
Prüfungsthemen werden in der Klausur vermischt, d.h. in einer Werkschutzdienstkundeklausur werden rechtliche Aspekte geprüft.	Konzentration auf das jeweils zu bearbeitende Thema; keine Mischung der Inhalte vornehmen.

Fehlerquelle/Auswirkung	Vermeidungsstrategie
Fragen werden vergessen; einzelne Abschnitte nicht beantwortet.	Fragen Punkt für Punkt beantworten bzw. auf einen chronologischen Aufbau in der Lösung achten. Die bearbeitete Klausur vor der Abgabe unbedingt durchlesen.
Handlungsweisen des Betriebes, in dem der Bearbeiter tätig ist, werden in den Vordergrund gestellt („bei uns wird das so gehandhabt…“).	Konzentration auf die praxisbezogene Ausbildung. Nicht wie ein Thema im Betrieb XY behandelt wird, ist gefragt, sondern das Wissen zu dem jeweiligen Thema.
Bei der Frage nach Entscheidungen werden Vorgesetzte vorgeschoben (bei uns entscheidet das der Schichtführer, Werkschutzleiter etc.).	Vom Bearbeiter einer Aufgabe wird erwartet, sich in einer Entscheidung zu äußern. Besser, eine Meinung zu vertreten, die vielleicht etwas am Ziel vorbeigeht, als den Chef in der Klausur vorzuschieben und dadurch wertvolle Punkte zu verlieren.
Der Bearbeiter kann sich nicht entscheiden und bietet eine Reihe von Alternativen an, ohne sich festzulegen.	Wichtig ist, den Inhalt einer Frage zu erkennen und zu beantworten. Bieten Sie nicht zahlreiche Alternativen an, sondern entscheiden Sie sich für eine Antwort; in der täglichen Praxis wird das auch gefordert.
Prüfungsangst, Stress, Nervosität.	Jede Prüfung wird von einer Grundnervosität begleitet, das ist völlig normal. Wenig sinnvoll ist es, bis zur allerletzten Minute – vielleicht noch am Morgen der Prüfung – zu lernen. Besser ist es, sich zu entspannen und möglichst locker in die Prüfung zu gehen.

2. 6 Fallbeispiele mit Lösungsvorschlägen

2.1 Werkzeugdiebe

Sachverhalt:

Während der vergangenen Wochen wurden verstärkt Diebstähle von Fertigprodukten sowie Werkzeugen in einem Betrieb der Elektronikindustrie festgestellt.

Zum gegenwärtigen Zeitpunkt werden Personen und Fahrzeuge beim Verlassen des Werkes nicht kontrolliert. Da die Diebstähle zwischenzeitlich eine erhebliche Schadenssumme erreicht haben, beschließt die Geschäftsführung, etwas dagegen zu tun. Der Leiter des Sicherheitsdienstes erhält den Auftrag zu prüfen, welche Möglichkeiten es im Rahmen von Kontrollmaßnahmen gibt, unerlaubte Materialbewegungen zu unterbinden.

Aufgabe:

1. Beschreiben Sie die Möglichkeiten, die der Sicherheitsdienst im Rahmen des Tor- und Pfortendienstes hat, um die Durchführung solcher Diebstähle durch Kontrollmaßnahmen zu erschweren.
2. Was ist bei der Durchführung der Maßnahmen, die sich aus der Beantwortung der Frage 1 ergeben, zu beachten?

Lösungsvorschlag:

Frage 1

Im Rahmen des Tor- und Pfortendienstes kann der Sicherheitsdienst Kontrollen durchführen, um das unerlaubte Verbringen von Betriebseigentum zu verhindern.

Es gibt zwei Arten von Kontrollen: die vorbeugenden Kontrollen ohne besonderen Anlass und solche, die aus Gesetz abgeleitet sind und einen besonderen Anlass haben.

Die Voraussetzungen zur Durchführung von Kontrollen sind verschieden. Um vertraglich vereinbarte Kontrollen durchführen zu können, ist entweder eine Betriebsvereinbarung oder eine einzelvertragliche Regelung im Rahmen des Arbeitsvertrages oder eines Vertrages mit Geschäftspartnern (z. B. Lieferanten) notwendig.

Auch die Arbeitsordnung, die Bestandteil des Arbeitsvertrages sein kann, kann die Durchführung solcher Kontrollen regeln. Falls eine Betriebsvereinbarung geschlossen werden muss, ist dies ein Vertrag zwischen Arbeitgeber und Betriebsrat, der für alle Beschäftigten – die leitenden Angestellten sind in einem gesonderten Abschnitt ausdrücklich anzusprechen – gilt. Die Firmenfremden, die sich vorbeugenden Kontrollen unterziehen sollen, sind separat zu behandeln.

Entweder verpflichten sie sich vertraglich dazu (z. B. Dienstleistungsvertrag mit der Reinigungsfirma) oder sie verpflichten sich durch den so genannten freiwilligen Unterwerfungsakt (Einverständniserklärung zu den Kontrollen durch Unterschrift auf dem Besucherschein).

Um aus Gesetz abgeleitete Kontrollen durchführen zu können, bedarf es eines aktuellen Anlasses (begründeter Tatverdacht) und Verstoßes gegen einen Straftatbestand. Die gesetzlichen Grundlagen bilden die so genannten „Jedermannsrechte“ sowie die Rechte des Besitzdieners (§§ 227, 229, 859, 860 BGB, §§ 32, 34 StGB). Diese Vorschriften rechtfertigen die Durchführung von Kontrollen bei Firmenangehörigen sowie bei Firmenfremden.

Frage 2
Bei der Durchführung von Kontrollen ist zu unterscheiden zwischen Kontrollen vorbeugender Natur und aus Gesetz abgeleiteten Kontrollen.

Frage 2 a
Durchführung von Kontrollen vorbeugender Natur (Präventivkontrollen)

Um Personen, deren Behältnisse und Fahrzeuge kontrollieren zu können, muss ein Auswahlverfahren durchgeführt werden (außer man kontrolliert jede Person, was in der Praxis häufig nicht durchführbar ist). Die Auswahl kann vom Sicherheitsdienst durchgeführt werden (jede 3. Person wird kontrolliert) oder durch technische Hilfsmittel wie z. B. Zufallsgeneratoren (Geräte, die durch Drücken eines Knopfes zufällig ein Signal optisch oder akustisch auslösen).

Aus psychologischen Gründen ist der Anwendung von Zufallsgeneratoren der Vorzug zu geben.

Ist die zu kontrollierende Person ausgewählt, sind folgende Regeln zu beachten:
- Die Zustimmung der zu kontrollierenden Person ist Voraussetzung. Kontrollen vorbeugender Natur dürfen nicht erzwungen werden.
- Alle zu kontrollierenden Personen sind gleich zu behandeln.

- Die Kontrolle ist unter Beachtung der Menschenwürde, höflich und ohne Anwendung von Schikanen durchzuführen.
- Bei der Kontrolle von Personen und deren Behältnissen ist darauf zu achten, dass der Kontrollvorgang in einem nicht einsehbaren Raum durchgeführt wird.
- Es ist darauf zu achten, dass Personen- und Taschenkontrollen ausschließlich durch Personen gleichen Geschlechts durchgeführt werden.
- Wird während des Kontrollvorgangs die weitere Kontrolle verweigert, ist diese abzubrechen. Über den Vorgang ist eine Meldung an die Leitung des Sicherheitsdienstes zu erstellen.
- Wird im Rahmen einer Kontrolle ein Gegenstand gefunden, dessen Eigentumsverhältnisse nicht eindeutig geklärt sind, wird dieser Gegenstand bis zur Klärung durch den Sicherheitsdienst sicher aufbewahrt. Die kontrollierte Person erhält eine unterschriebene Quittung. Über den Vorgang wird eine Meldung an die Leitung des Sicherheitsdienstes erstellt.

Frage 2b

Durchführung von aus Gesetz abgeleiteten Kontrollen (Repressivkontrollen)

Bei der Durchführung von aus Gesetz abgeleiteten Kontrollen sind folgende Kriterien zu berücksichtigen:

- Die Kontrolle wird durch zwei Sicherheitskräfte durchgeführt. Eine kontrolliert, die andere steht als Zeuge zur Verfügung. Auf Wunsch der zu kontrollierenden Person können weitere Zeugen (Betriebsratsmitglied, Vorgesetzter) zugezogen werden.
- Es dürfen nur die durch Gesetz erlaubten Besitzdiener- bzw. Jedermannsrechte angewendet werden, wobei das Prinzip der Verhältnismäßigkeit („nicht mit Kanonen auf Spatzen schießen“) zu beachten ist.
- Auch diese Kontrollen sind in einem nicht einsehbaren Raum durchzuführen.
- Wenn die zu kontrollierende Person sich weigert, kann die zwangsweise Durchführung der Kontrolle durch die Polizei angekündigt werden; bei der weiteren Weigerung ist diese auch durchzuführen.
- Auch hierbei gilt die Gleichgeschlechtlichkeit, d.h. Männer nur durch Männer und Frauen nur durch Frauen kontrollieren lassen.
- Über den gesamten Kontrollvorgang wird eine Meldung an die Leitung des Sicherheitsdienstes erstellt.

2.2 Der rauchende Laborant

Sachverhalt:

Sie befinden sich an einem arbeitsfreien Sonntag als Sicherheitskraft auf einem Streifengang durch Ihren Betrieb, einem Chemieunternehmen.

Im gesamten Laborgebäude besteht Rauchverbot. Es ist betrieblich vorgeschrieben, dass im Laborgebäude spezielle Schutzkleidung zu tragen ist. Ferner ist verboten, private Behältnisse jeder Art in das Laborgebäude einzubringen. Während der Streife durch das Laborgebäude fällt Ihnen eine offenstehende Tür auf, die üblicherweise geschlossen ist. Durch die offenstehende Tür sehen Sie einen zivil gekleideten Mann, der an einem Labortisch steht und eine Zigarette raucht. Als er Sie bemerkt, erschrickt er offensichtlich.

Sie gehen auf ihn zu und sprechen ihn an. Auf Frage erklärt er, dass er Laborant sei, Josef Müller heiße und einen Versuch zu beobachten habe. Da Sie an diesen Angaben zweifeln, bitten Sie den unbekannten Mann um Vorlage seines Werksausweises.

Er gibt an, dass er den Werksausweis vor einigen Tagen verloren, den Verlust jedoch noch nicht gemeldet habe. Einen Passierschein habe er beim Betreten des Werkes auch nicht erhalten, da die Sicherheitskraft mit ihm persönlich gut bekannt sei. Sie bitten den Ihnen nicht bekannten Mann nunmehr um Vorlage eines anderen Ausweispapiers. Daraufhin sucht er in den Taschen seines Jacketts, das über einer Stuhllehne hängt.

Dabei fällt Ihnen eine auf der Sitzfläche des Stuhls stehende popfarbene Einkaufstüte auf. Ein Ausweisdokument findet der Mann jedoch nicht. Auf Frage gibt er an, dass die Einkaufstüte ihm gehöre. Er wisse wohl, dass es verboten sei, private Behältnisse jeder Art in das Laborgebäude einzubringen; er habe jedoch gemeint, dass dies am Sonntag nicht so streng gehandhabt werde, da ja sonst niemand da sei.

Auf Aufforderung öffnet er die Tüte und Sie stellen fest, dass sich ein Laborgerät, wie sich später herausstellt, eine Feinwaage, darin befindet, die deutlich mit einem Inventuretikett des Unternehmens versehen ist. Müller erklärt, dass er die Feinwaage zu Hause verwenden wollte.

Aufgabe:

Frage 1
Welche Aufgaben hat der Streifendienst?

Frage 2
Welche Ausrüstungsgegenstände nehmen Sie in dem angeführten Fall zweckmäßigerweise mit?

Frage 3
Welche taktischen Grundsätze beachten Sie bei Ihrem Streifengang?

Frage 4
Welche Möglichkeiten hätten Sie gehabt, wenn der Unbekannte nicht der Aufforderung nachgekommen wäre, die Tasche zu öffnen?

Frage 5
Beschreiben Sie fallbezogen Ihre weiteren Maßnahmen und begründen Sie Ihr Vorgehen.

Vorüberlegungen:

Der Vorfall findet an einem arbeitsfreien Sonntag statt.

Weitere Sicherheitskräfte halten sich offensichtlich nicht innerhalb des Geländes auf.

Jeder Sicherheitskraft ist bekannt, dass ein Laborgebäude besonders sicherheitsempfindlich ist. Dies einmal unter dem Gesichtspunkt der Feuer- und Explosionsgefährdung und zum anderen unter dem Aspekt der Geheimhaltung betrieblicher Forschungsarbeit.

Ferner ist auffallend, dass der Unbekannte Zivilkleidung und nicht die betrieblich vorgeschriebene Arbeitsschutzkleidung trägt.

Daraus ergeben sich die sicherheitsrelevanten Feststellungen:
- Aufenthalt einer männlichen Person außerhalb der Arbeitszeit innerhalb des Werksgeländes.
- Rauchen im Laborgebäude, obwohl dies aus Sicherheitsgründen verboten ist.
- Verlust des Werksausweises; ein anderes Ausweisdokument kann nicht vorgelegt werden.
- Auffinden einer popfarbenen Einkaufstüte mit Laborgerät.
- Verstoß gegen Arbeitsschutzbedingungen.

Folgende notwendige Überlegungen sind zu treffen:
1. Bedachtes Vorgehen (Eigensicherung) und Ansprechen der Person.
2. Sofortiges Löschen der Zigarette wegen Feuer- und Explosionsgefahr (§§ 858, 859, 860 BGB: erlaubte Selbsthilfe des Besitzers bzw. Besitzdieners).

3. Klären, wer der Unbekannte ist:
   - Feststellung der Personalien
   - Feststellung der Werkszugehörigkeit
   - Feststellung der Aufenthaltsberechtigung am Sonntag.
4. Telefonische Überprüfung der geschilderten Zugangsmodalitäten.
5. Herausgabe bzw. Aufbewahrung der in der popfarbenen Einkaufstüte befindlichen Feinwaage (§ 32 StGB: Notwehr, §§ 858, 859, 860 BGB: erlaubte Selbsthilfe des Besitzers bzw. Besitzdieners).
6. Fertigung eines Berichts an die Leitung des Sicherheitsdienstes.

Lösungsvorschlag:

Frage 1

Im Rahmen des Streifendienstes obliegen dem Sicherheitsdienst Ordnungs- und Sicherheitsaufgaben wie
- Gefahrenerkennung und -abwehr,
- Aufenthaltskontrollen,
- Verhindern von Sabotage und Sachbeschädigungen, Betriebs- und Eigentumsdelikten, Störungen des Betriebsablaufes
- Verrat von Betriebs- und Geschäftsgeheimnissen.

Frage 2

- Exgeschütztes Funksprechgerät,
- zweckmäßige Bekleidung,
- Bewaffnung,
- Taschenlampe.

Frage 3

- Nicht zu gleichen Zeiten die Kontrollpunkte anlaufen und Beobachtungshalte einlegen,
- Streifenweg variabel halten,
- auf Fremdgeräusche und materielle Veränderungen achten (Soll-Ist-Vergleich),
- Funkverbindung zur Zentrale halten und Unregelmäßigkeiten sofort melden,
- durch bedachtes Vorgehen Eigensicherung beachten.

Frage 4

Wie der Fall dargestellt ist, liegen die Voraussetzungen einer gezielten Kontrolle vor.

Diese Kontrolle ist aufgrund der Jedermanns- bzw. Besitzdienerrechte erzwingbar. Bei Weigerung des Unbekannten müsste er auf jeden Fall mit arbeitsrechtlichen Maßnahmen rechnen. Sollte sich der dringende Verdacht einer Straftat bestätigen, so könnte die Polizei eingeschaltet werden.

Frage 5
Als Erstes verständige ich über Funk die Leitstelle und gebe folgende Meldung ab:

„Zentrale von Alpha kommen:“ Antwort der Zentrale

„Hier Alpha mit folgender Meldung: Auf Streife im Laborgebäude wurde die Türe zu Zimmer 112 geöffnet festgestellt. Im Labor befindet sich bisher unbekannte männliche Person. Verstärkung erforderlich.

Kommen!“

– Antwort der Zentrale –

„Ende von Alpha!“

Diese Maßnahme treffe ich zum Zwecke der Eigensicherung. Die Leitstelle weiß dann, wo ich mich aufhalte und dass ein besonderes Vorkommnis vorliegt. Gleichzeitig werde ich den Unbekannten aufmerksam beobachten.

Als nächste Sofortmaßnahme fordere ich den Unbekannten mit Nachdruck auf, sofort die Zigarette zu löschen. Ich weise ihn auf die Feuer- und Explosionsgefahr hin. Diese Maßnahme dient der Beseitigung der Gefahren, die sich aus dem Rauchen in der Rauchverbotszone ergeben.

Die nächste Maßnahme ist die Bitte um Vorlage des Werksausweises. Anhand des Werksausweises könnte Folgendes festgestellt werden:

- Firmenbezeichnung und/oder Firmen-Logo,
- Lichtbild,
- Ausweisnummer,
- Name, Vorname, Geburtsdatum,
- Personalnummer,
- Betrieb oder Abteilung,
- Ausstellungsdatum,
- Gültigkeitsvermerk,
- Unterschrift.

Da der Unbekannte weder den Werksausweis noch ein anderes Ausweisdokument vorweisen kann, ist meine Frage nach dem Namen und Vornamen sowie dem Zweck seines Aufenthaltes richtig. Ich würde ihn jedoch nach dem Namen seines Vorgesetzten fragen. Diese Angaben, aber auch seine

Schilderung, wie er das Werksgelände betreten hat, lasse ich über Funk bei der Leitstelle überprüfen.

Unabhängig von dem Überprüfungsergebnis werde ich den Unbekannten nach Eintreffen der Verstärkung mit zum Büro des Sicherheitsdienstes bitten. Dort kann die Identität des Unbekannten durch die möglicherweise herbeigerufene Polizei festgestellt werden. Diese Maßnahme kann ich nach den Bestimmungen der „Vorläufigen Festnahme“ nach § 127 Abs. 1 StPO begründen.

Da die Feinwaage durch das Inventuretikett eindeutig als betriebseigen zu erkennen ist und der Unbekannte offensichtlich keinen Leihschein vorweisen kann, wird das Gerät von mir auch gegen den Willen des Unbekannten in Verwahrung genommen. Hier wende ich die gesetzlichen Bestimmungen der §§ 858, 859, 860 BGB „Selbsthilfe des Besitzers“ an.

Auf dem Dienstzimmer protokolliere ich den gesamten Vorgang und die Angaben des Unbekannten. Sollte er Firmenangehöriger sein, fordere ich ihn auf, sich sofort am Montag einen Ersatzausweis ausstellen zu lassen.

In einem ausführlichen Bericht schreibe ich die von mir veranlassten Maßnahmen nieder. Die in Verwahrung genommene Waage und den Bericht gebe ich dem Schichtführer ab. Anschließend setze ich meinen Streifengang fort.

2.3 Verkehrsunfall im Werksgelände

Sachverhalt:

In der Sicherheitszentrale geht ein Anruf ein, in dem ein Mitarbeiter einen Verkehrsunfall auf dem Firmengelände meldet. Zwei Pkw sind zusammengestoßen, einer der Fahrer ist verletzt. Sie werden beauftragt, mit einem Kollegen zusammen den Unfall aufzunehmen.

Aufgabe:

Frage 1
Welche Ausstattung nehmen Sie mit zur Unfallstelle?

Frage 2
Welche Maßnahmen treffen Sie in welcher Reihenfolge an der Unfallstelle?

Frage 3
Welche Arten von Fotoaufnahmen fertigen Sie?

Frage 4
Welches verkehrstechnische Gerät könnten Sie zur Absicherung der Unfallstelle einsetzen?

Lösungsvorschlag:

Frage 1
Folgende Ausstattung zur Unfallaufnahme wäre zweckmäßig:
- Fotoapparat mit Blitzgerät und Stativ,
- Ölkreide,
- Absperrgerät (Flatterleinen, Leitkegel),
- Blinkleuchte,
- Bandmaß oder Zollstock,
- Klemmbrett mit Schreibzeug,
- Nummernsatz,
- Melde- und Befragungsvordrucke,
- Warndreieck,
- Reifenprofilmesser,
- 60-cm-Quadrat.

Frage 2
Ich treffe folgende Maßnahmen an der Unfallstelle:
- Absicherung der Unfallstelle,
- Erste-Hilfe-Leistung,
- Meldung an die Zentrale zur Lagedarstellung bzw. zur Anforderung von Unterstützung (z. B. Arzt oder Polizei), soweit nicht bereits erfolgt,
- Anfertigung von Fotos,
- Kennzeichnung von Fahrzeugstand und Spuren,
- Sicherung von Spuren,
- Feststellung und Befragung von Beteiligten und Zeugen,
- Vermessung der Unfallstelle und Anfertigung einer Unfallskizze,
- Räumung der Fahrbahn.

Frage 3
Folgende Fotoaufnahmen sind zweckmäßig:
- Gesamtübersicht über die Unfallstelle aus der „Vogelperspektive“, z. B. aus den oberen Stockwerken oder vom Dach eines Gebäudes,
- Aufnahmen am Unfallort zur Dokumentation des Unfallherganges,

- Übersichtsaufnahme aus Augenhöhe aus der Sicht der Fahrer,
- Aufnahmen aus der Sicht der Zeugen,
- Detailaufnahmen zur Dokumentation von Spuren und Schäden.

Frage 4
Zur Absicherung der Unfallstelle könnte ich folgende Geräte einsetzen:
- Leitkegel,
- Warndreiecke,
- Blinkleuchten,
- Flatterleinen,
- Absperrschranken.

2.4 Unfall mit einem Gefahrguttransporter

Sachverhalt:

Sie arbeiten als Sicherheitskraft in einem Werk, in dem täglich mehrere Gefahrguttransporter Gefahrstoffe für die Produktion anliefern. Es ist Schichtwechsel und viele Mitarbeiter verlassen zu Fuß und mit ihren Fahrzeugen das Werk. Ein zur selben Zeit einfahrender Gefahrgut-Lkw (Tankfahrzeug) stößt bei einem Ausweichmanöver gegen die Wand des Torgebäudes. Dabei wird ein Auslasstankstutzen beschädigt, eine Flüssigkeit läuft aus. Der Fahrer war nicht angeschnallt, prallte mit dem Kopf gegen den Türholm und liegt bewusstlos zwischen Fahrersitz und Lenkrad. Ein- und Ausfahrt sind blockiert, Fahrzeuge stauen sich im Werksgelände und auf der außenliegenden Zufahrtsstraße zum Werksgelände. Eine Werkfeuerwehr gibt es nicht. Das Werk hat eine zweite Pforte für Fahrzeug- und Fußgängerverkehr, die zu dieser Tageszeit geschlossen ist. Ein Kollege befindet sich mit Ihnen am Haupttor, zwei weitere Mitarbeiter befinden sich im Bereitschaftsraum.

Aufgabe:

Frage 1
Welche Maßnahmen treffen Sie sofort, um möglichst schnell genügend Hilfskräfte zur Verfügung zu haben?

Frage 2
Welche Maßnahmen treffen Sie mit Ihren Kollegen des Sicherheitsdienstes zur Gefahrenabwehr bezüglich des Gefahrguttransportes?

Frage 3
Welche Maßnahmen treffen Sie, um möglichst rasch wieder einen geordneten „Betriebsablauf" auf dem Werksgelände herzustellen?

Vorüberlegungen:

Der sachkundige Bearbeiter erkennt, dass das zentrale Problem der Aufgabe das Risiko von Gefahrgütern, insbesondere unbekannten Gefahrstoffen, ist. Er erkennt weiter, dass im vorliegenden Fall durch den starken Personen- und Fahrzeugverkehr im Torbereich eine erhöhte Gefährdung für Menschen besteht. Der bewusstlose Fahrer kann im Moment keine Hilfe leisten. Es kommt darauf an, möglichst rasch eine gefahrenfreie Zone zu schaffen, dem Verletzten zu helfen und umgehend Personal zur Unterstützung und Fachpersonal zur gezielten Gefahrenbeseitigung zu bekommen. Dabei sollte ebenso rasch der normale Betriebsablauf wieder hergestellt werden.

Aufmerksames Lesen des Aufgabentextes und der Fragen ergibt wichtige Hinweise auf die Probleme und zum zielgerichteten Vorgehen:

- Eine Werkfeuerwehr ist nicht vorhanden,
- es gibt eine zweite, derzeit geschlossene Pforte,
- zwei Sicherheitskräfte befinden sich im Bereitschaftsraum,
- es gibt auf der öffentlichen Straße einen Fahrzeugstau.

Es empfiehlt sich, alle Maßnahmen, die dem Bearbeiter notwendig und geeignet erscheinen, zunächst niederzuschreiben und sie dann vor der Reinschrift den Fragen zuzuordnen.

Lösungsvorschlag:

Frage 1
Ich

- rufe meine beiden Kollegen aus dem Bereitschaftsraum zu mir in die Pforte,
- verständige die Einsatz-/Sicherheitszentrale und/oder die Leitung des Sicherheitsdienstes,
- verständige die Haustechniker (Instandhaltungsabteilung),
- verständige den Rettungsdienst (intern und extern) und die Feuerwehr.

Bei der Verständigung/Alarmierung dieser Mitarbeiter/Stellen teile ich den Sachverhalt kurz und knapp nach dem Schema der „7 W-Fragen"
(Wer, Wann, Was, Wo, Wie, Womit, Warum?) mit.

Frage 2
Wir
- sperren die Unfall-/Gefahrenstelle möglichst weiträumig ab,
- sprechen an der Unfall-/Gefahrenstelle und an der Absperrung ein Rauchverbot aus und überwachen dies soweit möglich,
- leisten dem Lkw-Fahrer Erste Hilfe und transportieren ihn dazu vor allem von der Gefahrenstelle weg,
- entnehmen die Unfallmerkblätter hinter den Warntafeln und versuchen erste Informationen über die Gefahrenart sowie Schutzmaßnahmen zu bekommen,
- treffen erste Schutzmaßnahmen, soweit unsere Ausbildung und Ausstattung dies zulassen.

Frage 3
Wir
- besetzen und öffnen umgehend die zweite Pforte,
- warnen die Personen, die das Werk betreten oder verlassen wollen, bereits in ausreichender Entfernung vor der Unfall-/Gefahrenstelle,
- weisen sie auf die Umleitung zur jetzt geöffneten Pforte hin und
- leiten den Personen- und Fahrzeugverkehr durch Posten entsprechend um.

Beim Eintreffen von Fachdiensten (Rettungsdienst, Feuerwehr) und der Polizei informieren wir diese über das besondere Vorkommnis, die bisher getroffenen Maßnahmen, und unterstützen diese – soweit kräftemäßig möglich – bei der Wahrnehmung ihrer Aufgaben. Nach Abschluss der Maßnahmen fertigen wir einen Bericht.

2.5 Einbruch in Büro 209

Sachverhalt:

Beim Antritt der Frühschicht am Montag wird im Büroraum 209 im Gebäude 22 ein Einbruch festgestellt.

Als zuständiger Mitarbeiter des Ermittlungsdienstes betraut Sie der Schichtführer mit der Bearbeitung des Vorfalls. Sie begeben sich mit einem weiteren Mitarbeiter des Sicherheitsdienstes zu dem angegebenen Büroraum 209 und finden folgende Situation vor:

Der Mitarbeiter, der den Einbruch entdeckte, steht aufgeregt vor dem Büroraum und erwartet Sie. Die Tür zum Büroraum ist im Bereich des Schlosses stark beschädigt. Außen auf dem Türblatt befinden sich zwei Schuhabdrücke.

Im Büroraum 209 selbst liegen am Boden zerstreut Akten und Papiere. Ein Schreibtischcontainer ist umgestürzt. Schreibtische und Schränke sind aufgehebelt. Bei näherer Nachschau finden Sie in einer Schreibtischschublade eine abgebrochene Taschenmesserspitze. Über den Raum verteilt finden Sie mehrere leere Bierflaschen. Die Nachfrage bei dem Mitarbeiter ergibt, dass die leeren Bierflaschen nicht den hier Beschäftigten gehören.

Ob und was entwendet wurde, lässt sich zur Zeit nicht feststellen. Ihre weiteren Nachforschungen ergeben, dass der oder die Täter über ein Kellerfenster in das Gebäude eingestiegen sind. Hierzu wurde die Fensterscheibe eingeschlagen und der Fensterflügel geöffnet. Am Fenster und an einigen Glassplittern befinden sich Blutanhaftungen. Das Fenster, das offensichtlich zum Einstieg benutzt wurde, befindet sich in unmittelbarer Nähe des Werkzaunes. Die Überprüfung des Werkzaunes zeigt, dass ein Durchschlupf in den Zaun geschnitten ist, der zur Tarnung notdürftig mit etwas Draht zugehalten wird.

Aufgabe:

Frage 1
Schildern Sie die erforderliche Vorgehensweise bei der Spurensicherung.

Frage 2
Welche Spuren können Sie an diesem Tatort finden und wie sichern Sie diese Spuren?

Frage 3
Welche weiteren Feststellungen sind im Rahmen der folgenden Ermittlungen zu treffen?

Frage 4
Fertigen Sie zum vorliegenden Fall eine Tatortbefundaufnahme (soweit erforderlich, setzen Sie Daten und Namen frei ein).

Frage 5
Fertigen Sie auf der Basis der festgestellten Erkenntnisse eine Tatrekonstruktion. Trennen Sie dabei deutlich Tatsachen und Vermutungen.

Lösungsvorschlag:

Frage 1

Bei der Spurensicherung gehe ich wie folgt vor:
- Absperrung des Raums,
- erste Befragung des Mitarbeiters, der den Einbruch bemerkte,
- erste Besichtigung des Tatorts und Feststellung, ob und welche Spuren vorhanden sind,
- Spuren – soweit möglich – mit Spurenkarten kennzeichnen,
- fotografische Übersichtsaufnahme fertigen, dann Detailaufnahmen,
- Tatortskizze anfertigen (ohne Maßstab),
- Spuren an der Einstiegstelle fotografieren und körperlich sichern,
- Spuren mit entsprechenden Sicherungsmethoden sichern.

Frage 2

Am Tatort kann ich folgende Spuren finden und sichere sie wie folgt:
- Schuhabdrücke am Türblatt – fotografisch, Folienabzug,
- Taschenmesserspitze als Passstück – im Original,
- Werkzeugspuren als Eindruck-/Abformspuren – fotografisch, Abformung mit Kunstharz/Epoxitharz, im Original,
- leere Bierflaschen – im Original,
- eventuelle Fingerspuren auf den Bierflaschen – mit Kontrastmittel sichtbar machen, z.B. Ruß, und mit Abziehfolie sichern,
- Splitterwurf am Kellerfenster – fotografisch, im Original,
- Blutspuren an Glasscheiben und Splittern des Kellerfensters – im Original,
- durchschnittene Drahtenden am Werkzaun – im Original.

Frage 3

Im Rahmen der Ermittlungen sind folgende weitere Feststellungen zu treffen:
- Eingrenzung der Tatzeit durch Feststellung, wer zuletzt den Raum im ursprünglichen Zustand verlassen hat; hierzu Befragung der dort Beschäftigten, des Reinigungspersonals und des Sicherheitsdienstes,
- zusammen mit den Beschäftigten feststellen, ob und was entwendet wurde,
- Liste der eventuell entwendeten Sachen mit typischen Merkmalen und Wert erstellen,
- Nachfrage, ob Feststellungen oder Beobachtungen des Streifendienstes vorliegen,
- Anzeige und Sachfahndung bei Polizei,
- Nachforschung des Sachbearbeiters, ob noch andere Bereiche betroffen sind.

Frage 4

Tatortbefundaufnahme:

Am Montag, dem 13.10.2014, wurde ich gegen 6.30 Uhr vom Schichtführer des Werkschutzes, Stark, über einen Einbruch im Gebäude 22, Raum 209, informiert. Ich begab mich zusammen mit dem Sicherheitsmitarbeiter Braun zum Tatort.

Beim Eintreffen am Tatort erwartete uns der dort beschäftigte Herbert Schwarz, Personal-Nummer 59833, Tel. 2445, in sichtlicher Aufregung. Der Tatort selbst wurde wie folgt vorgefunden:

1. Die Tür zum Raum 209 war aufgebrochen und der Türrahmen im Bereich des Schließblechs stark beschädigt. Am Türblatt außen befanden sich zwei Schuhabdruckspuren, die durch Schmutz/Staubpartikel gebildet wurden.
2. Der Raum war stark verwüstet. Akten und lose Papiere waren wahllos am Boden zerstreut.
3. Alle Büroschränke und der Schreibtisch waren gewaltsam geöffnet.
4. In der oberen rechten Schublade des Schreibtischs wurde die abgebrochene Spitze eines Taschenmessers gefunden.
5. Im Raum standen bzw. lagen insgesamt sechs leere Bierflaschen (Lage siehe Skizze).
6. Fehlende Gegenstände waren zu diesem Zeitpunkt nicht feststellbar. Bei der Überprüfung des Gebäudes zur Feststellung des Weges, den der oder die Täter zum Tatort gewählt haben, wurde festgestellt:

1. Am Kellerfenster, das direkt in den Flur des Kellers führt, war die Scheibe eingeschlagen. Das Fenster war geschlossen.
2. Der Glassplitterwurf lag hauptsächlich innen.
3. Auf Restsplittern im Fensterrahmen und auf anderen Glassplittern konnten Blutspuren festgestellt werden.
4. Die Tür vom Kellergeschoss zum Erdgeschoss war unverschlossen. Daraufhin wurde der in unmittelbarer Nähe vorbeiführende Werkzaun überprüft. Dabei wurde eine aufgeschnittene Öffnung im Zaun festgestellt, die mit etwas Draht notdürftig zusammengehalten wurde.

Weitere Feststellungen im Bereich des engeren und weiteren Tatorts konnten nicht getroffen werden.

Datum, Unterschrift, Funktion

Frage 5

Aufgrund der Feststellungen und gesicherten Spuren kann folgender Tathergang vermutet werden:

Es handelt sich vermutlich um mehrere Täter. Die Täter schnitten mit einem Bolzenschneider eine Öffnung in den Werkzaun und krochen durch diese in das Betriebsgelände.

Danach schlug einer der Täter die Scheibe des Kellerfensters am Gebäude 22 ein, wobei er sich vermutlich an der Hand Schnittwunden zufügte. Die Täter begaben sich in das 2. Obergeschoss und wählten, wie unterstellt werden kann, willkürlich den Raum 209 aus.

Dazu wurde die Türe eingetreten. Anschließend wurde der Raum durchsucht, ohne entsprechende Wertgegenstände vorzufinden.

Die Täter hielten sich wahrscheinlich länger in dem Raum auf und konsumierten dabei mitgebrachtes Bier. Eventuell wurde ein Teil der Vandalismusschäden nach dem Bierkonsum verursacht.

Weitere Räume wurden nicht durchsucht, was vermuten lässt, dass die Täter gestört wurden oder ein hohes Entdeckungsrisiko für sich sahen. Vermutlich wurde zum Rückzug der gleiche Weg wie zum Einstieg gewählt, da alle Türen und Fenster des Gebäudes geschlossen waren.

2.6 Seriendiebstähle im Kantinenverkauf

Sachverhalt:

Im Kantinenverkauf eines Unternehmens werden ständig Fehlbestände bei der Verkaufsware festgestellt. Ermittlungen der Kantinenverwaltung ergeben, dass im Wesentlichen Getränke und Süßigkeiten wie Schokolade, Eiscreme, Kekse usw. fehlen. Der Wert der fehlenden Waren summiert sich nach ca. zwei Monaten auf ca. € 2 000,–. Der Kantinenverkauf befindet sich in Räumen, die außerhalb der Arbeitszeit verschlossen sind und die nur durch Reinigungspersonal/Sicherheitsdienst betreten werden können. Da fortgesetzte Diebstähle zu vermuten sind, schaltet die Kantinenverwaltung den Ermittler des Sicherheitsdienstes ein und bittet um Unterstützung. Dieser ergreift zuerst Maßnahmen, um festzustellen, zu welchen Zeiten die Diebstähle stattfinden. Die Tatzeiteingrenzung führt zum Ergebnis, dass die Diebstähle nachts zwischen 2 und 3 Uhr stattgefunden haben müssen. Damit ergibt sich der Verdacht, dass eine der Sicherheitskräfte diese Genussmittel entwendet. Der Sicherheitsdienst ist im Nachtdienst mit einer Schichtstärke von 1 : 16 tätig. Aus prinzipiellen Erwägungen, schließlich haben die Sicherheitskräfte eine besondere Vertrauensposition, soll der Täter in jedem Fall ermittelt werden. Tatsächlich kann drei Wochen später eine Sicherheitskraft als Tatverdächtiger ermittelt werden. Bei der daraufhin durchgeführten Befragung gesteht der Tatverdächtige, nach Vorhalt der Ermittlungsergebnisse, die Diebstähle ein.

Aufgabe:

Frage 1
Mit welchen Methoden und/oder technischen Hilfsmitteln kann in diesem Fall eine Tatzeiteingrenzung erfolgen?

Frage 2
Welche Hilfsmittel können Sie zur Ermittlung des Tatverdächtigen in diesem Fall benutzen und was müssen Sie bei deren Einsatz beachten?

Frage 3
Wie bereiten Sie eine Befragung vor?

Frage 4
Was ist bei der Durchführung einer Befragung zu beachten?

Frage 5
Wie ist Ihr weiteres Vorgehen, nachdem der Tatverdächtige die Tat gestanden hat?

Lösungsvorschlag:

Frage 1
- Befragung des Verkaufspersonals, ob Feststellungen/Beobachtungen während der Verkaufszeit gemacht wurden,
- Inventur vor und nach der Verkaufszeit über einen längeren Zeitraum und ggf. Zwischeninventur nach der Reinigung des Bereiches,
- Verwendung einer elektronischen Plombe außerhalb der Verkaufszeiten.

Frage 2

a) Fangstoffe
Der Einsatz von Fangstoffen scheidet aufgrund der Tatsache, dass im Wesentlichen Genussmittel entwendet wurden, aus (Gefahr für Gesundheit auch unbeteiligter Personen).

b) Passive Akustikfalle
Im Kantinenbereich wird ein hochempfindliches Mikrophon getarnt angebracht und evtl. Geräusche zu einer in der Nähe befindlichen Interventionsstelle übertragen. Problematisch dabei ist, dass über einen längeren Zeitraum eine Interventionskraft benötigt wird.

c) Fotofalle
Im Verkaufsraum wird getarnt eine Fotokamera untergebracht, die mit einem IR-Passivbewegungsmelder und Fernauslöser dann auslöst, wenn außerhalb der Arbeitszeit Personen den Verkaufsraum betreten. Damit kann evtl. der Täter bei der Tatausführung aufgenommen werden. Interventionskräfte werden hiermit nicht gebunden.

d) Videoüberwachung
Eine Videokamera wird getarnt im Verkaufsraum untergebracht und mit einem Zeitschalter so gesteuert, dass alle Vorgänge im fraglichen Zeitraum durch einen PC auf Festplatte oder anderem digitalen Speichermedium aufgezeichnet werden, auch bei weiteren Tatbegehungen.

Frage 3

- Ich verschaffe mir genaue Kenntnis aller in dem Fall vorliegenden Spuren und aller bisherigen Ermittlungsergebnisse.
- Ich führe, wenn erforderlich, eine Tatortbesichtigung durch.
- Ich beschaffe mir alle erreichbaren Informationen über die Person des Tatverdächtigen und seines Umfelds.
- Ich reserviere einen ruhigen Raum, wo die Befragung ohne Störung von außen durchgeführt werden kann und halte dort die zur Dokumentation erforderlichen Hilfsmittel vor.

Frage 4

Ich belehre den Tatverdächtigen über den Gegenstand der Befragung und hole seine Einwilligung dazu ein. Ich befrage den Tatverdächtigen zum Sachverhalt und beachte dabei auch insbesondere seine „Körpersprache“. Das Ergebnis halte ich in einer Befragungsniederschrift fest, die ich vom Befragten unterzeichnen lasse.

Frage 5

- Fertigung der Befragungsniederschrift mit eigenhändiger Unterschrift des Täters.
- Erstellung eines umfassenden Berichtes als Grundlage für rechtliche Maßnahmen der Firma.
- Weiterleitung des Berichtes an die Personalabteilung.

3. 162 Prüfungsfragen mit Antworten

3.1 Torkontroll- und Empfangsdienst

Tordienst: Überwachung, Regelung und Kontrolle des Personen-, Fahrzeug- und Güterverkehrs, Sonderzugangsrecht und Fundsachen

■ **Frage 1**
Benennen Sie die Hauptaufgaben des Sicherheitsdienstes im Tordienst.

■ **Frage 2**
Welche Bereiche umfasst der Tordienst?

■ **Frage 3**
Torkontrollen haben einen hohen Stellenwert innerhalb der Sicherheitsaufgaben. Nennen Sie die wichtigsten Voraussetzungen.

■ **Frage 4**
Welche Arten von Torkontrollen beim Betreten und Verlassen des Firmengeländes kennen Sie?

Antwort 1

Überwachung, Regelung und Kontrolle des Personen-, Fahrzeug-, Waren- und Güterverkehrs, ggf. Telefondienst, Lotsendienst und Besucherabwicklung.

Antwort 2

Die Ein- und Ausgänge des zu schützenden Objektes (Pforten, Türen, Tore). Objekte können sein der Betrieb, Gebäude, Läger, Freiflächen, angemietete Bereiche usw.

Antwort 3

- Der Sicherheitsdienst muss qualifiziert sein, um die Kontrollen durchführen zu können.
- Kontrollobjekte und Kontrollrahmen müssen definiert sein.
- Das Kontrollziel muss klar umrissen sein, d.h. der Soll-Ist-Vergleich sowie die entsprechenden Maßnahmen bei Abweichungen müssen bekannt sein.

Antwort 4

- Routinekontrollen mit einer vertraglichen Grundlage, bei Werksangehörigen z.B. Betriebsvereinbarung, bei Werksfremden z.B. Dienst- oder Werkvertrag, Anerkennung der Regelung durch Unterschreiben des Passierscheins. Diese Kontrollen werden auch Präventivkontrollen genannt.
- Kontrollen aus besonderem Anlass. Diese Kontrollen gelten sowohl für Werksangehörige als auch für Werksfremde. Sie sind jedoch nur zulässig, wenn ein konkreter Tatverdacht vorliegt. Diese Kontrollen werden auch als Repressivkontrollen bezeichnet.

Frage 5
Unterscheiden Sie gesetzlich abgeleitete Kontrollen und vertraglich vereinbarte Kontrollen.

Frage 6
Welche Wirkungen sollen Kontrollmaßnahmen zeigen?

Frage 7
Schildern Sie Ihre Vorgehensweise bei einer durch Betriebsvereinbarung vorgesehenen Taschenkontrolle.

Antwort 5

Gesetzlich abgeleitete Kontrollen haben als Rechtsgrundlage die „Jedermannsrechte“ oder die „Besitzschutzrechte“ (§§ 229, 859, 860 BGB). Sie erstrecken sich auf Betriebsangehörige und Betriebsfremde. Sie sind in der Regel unter Beachtung der gesetzlichen Vorschriften erzwingbar. Die Polizei kann gegebenenfalls bei Weigerung hinzugezogen werden.
Vertraglich vereinbarte Kontrollen werden bei Betriebsangehörigen durch Betriebsvereinbarung oder einzelvertraglich geregelt. Bei Betriebsfremden kann ein Vertrag vorliegen (Anerkennung der Regelung mit Unterschrift auf dem Besucherschein, Bestandteil eines Dienst- oder Werkvertrags). Sie sind in der Regel nicht erzwingbar.

Antwort 6

Es sollen potenzielle Täter abgeschreckt werden. In erster Linie soll damit die Eigentumskriminalität bekämpft werden. Dazu gehört auch der Schutz von firmenvertraulichen Unterlagen. Aber auch das unerwünschte Einbringen von Gegenständen soll verhindert werden.

Antwort 7

- Die zu kontrollierende Person um Mitwirkung an der nach der Betriebsvereinbarung vorgesehenen Kontrolle bitten,
- in einen für unbeteiligte Dritte nicht einsehbaren Raum begeben,
- auf die Anwesenheit von Zeugen achten,
- nicht selbst in die Tasche greifen,
- Grundsätze der Menschenwürde und der Höflichkeit beachten, keine Zwangsmaßnahmen,
- bei Kontrollverweigerung während des Vorganges Kontrolle einstellen,
- wenn z. B. Firmeneigentum gefunden wird, Hintergründe aufklären (u. U. vergessener Leihschein) bzw. Gegenstand in Verwahrung nehmen,
- Quittung aushändigen,
- Meldung anfertigen.

Frage 8

Welche möglichen Auswirkungen hat die Verweigerung bei
a) einer aus Gesetz abgeleiteten Kontrolle und
b) einer vertraglich vereinbarten Kontrolle?

Frage 9

Welche Hilfsmittel können Sie bei Kontrollmaßnahmen einsetzen?

Frage 10

Erklären Sie den Begriff „Spindrevision".

Frage 11

Wie gehen Sie bei einer „angeordneten Spindrevision" vor?

Frage 12

Kennen Sie einen Fall, bei dem ohne Einwilligung des Betroffenen eine Spindrevision durchgeführt werden kann?

Antwort 8

Zu Frage a)

Bei Betriebsangehörigen ist die Anordnung von arbeitsrechtlichen Maßnahmen und Einschaltung der Polizei möglich; bei Betriebsfremden Einschaltung der Polizei, Meldung an die Fachabteilung, Verhängung eines Hausverbots.

Zu Frage b)

Bei Betriebsangehörigen folgt die Androhung arbeitsrechtlicher Maßnahmen oder Ahndung nach Betriebsvereinbarung. Bei Betriebsfremden gibt es einen Hinweis auf die erfolgte Verpflichtung und anschließende Meldung an die Fachabteilung; ein Hausverbot kann verhängt werden.

Antwort 9

- Auswahlgeräte (Zufallsgeneratoren),
- Vordrucke (z. B. Text der Betriebsvereinbarung, Übersetzung für ausländische Mitarbeiter);
- Listen (z. B. über tägliche Kontrollvorgänge und Ergebnisse);
- Meldeformulare.

Antwort 10

Spindrevision ist die Nachschau in Behältnissen von Mitarbeitern (Schreibtisch, Schrank, Spind usw.).

Antwort 11

- Einwilligung des Betroffenen einholen;
- Zeugen hinzuziehen;
- unauffälliges Vorgehen in Anwesenheit des Betroffenen;
- vorgefundene Gegenstände, die Fremdeigentum sind, aufbewahren;
- Quittung erstellen und aushändigen;
- Bericht über die Spindrevision fertigen.
- Ist der Betroffene nicht anwesend, so wird über die Spindrevision unter wiederholter Prüfung aller Gesichtspunkte erneut entschieden. Wird die Spindrevision in schwerwiegenden Fällen auch ohne Anwesenheit des Betroffenen durchgeführt, so werden die aufgefundenen Gegenstände bis zum Eintreffen des Betroffenen vom Sicherheitsdienst aufbewahrt.

Antwort 12

§ 34 StGB (rechtfertigender Notstand) lässt eine Spindrevision ohne Zustimmung des Betroffenen zu.

Frage 13
Auf welchen Personenkreis erstreckt sich die Aufgabenstellung beim Personenverkehr und was prüft der Sicherheitsdienst?

Frage 14
Sie stellen bei einem Mitarbeiter, der zur Spätschicht den Betrieb betreten will, eine kräftige Alkoholfahne fest. Als Sie ihn ansprechen, lallt er, er müsse zur Arbeit. Was tun Sie?

Frage 15
Was tun Sie, wenn eine Ihnen unbekannte Person den Betrieb über die Pforte betreten will und sich nicht ausweisen kann?
Die unbekannte Person gibt an, Mitarbeiter zu sein und ihren Firmenausweis vergessen zu haben. Sie möchte zu ihrem Arbeitsplatz, da in 15 Minuten die Schicht beginne.

Frage 16
An der Hauptpforte, noch auf öffentlichem Grund, stehen bei Schichtbeginn drei Personen und verteilen Flugblätter politischen Inhalts. In diesen Flugblättern wird Ihr Betrieb wegen seiner wehrtechnischen Aktivitäten angegriffen. Teilweise wird versucht, einpassierende Mitarbeiter in Diskussionen zu verwickeln. Dabei gelangt der eine oder andere Flugblattverteiler im Mitgehen auf Betriebsgelände. Wie verhalten Sie sich?

Frage 17
Welchen Umfang haben Kontrollen durch den Werkschutz beim Fahrzeugverkehr?

Antwort 13

Die Aufgabenstellung beim Personenverkehr erstreckt sich auf Betriebsangehörige und Betriebsfremde. Bei der Torkontrolle werden Identität (wer ist die Person) und Berechtigung (ist die Person berechtigt, das Werk zu betreten oder darin zu verweilen) geprüft.

Antwort 14

Der Mitarbeiter wird nicht an den Arbeitsplatz gelassen. Ich bitte ihn, mit in die Pforte zu kommen, wo sich ein Kollege um ihn kümmern kann.
Ich werde telefonisch den Vorgesetzten des Mitarbeiters ansprechen, ebenfalls meinen Vorgesetzten (Leiter des Sicherheitsdienstes), eventuell auf Weisung die Personalabteilung, den Betriebsrat und den Betriebsarzt.

Antwort 15

Aufgrund des bevorstehenden Schichtbeginns ist die Wahrscheinlichkeit groß, einen Vorgesetzten des Mitarbeiters telefonisch zu benachrichtigen und zu bitten, vor Ort die Identifizierung vorzunehmen. Ist dies geschehen, wird dem Mitarbeiter ein Tagesausweis ausgestellt und er kann den Betrieb betreten. Eine weitere Möglichkeit stellt die Identitätsfeststellung mittels Personalliste in Verbindung mit der Vorlage eines amtlichen Ausweises dar. Diese Informationen kann ich dem Vorgesetzten über Telefon vermitteln, der dann entscheidet, ob der Mitarbeiter legitimiert ist. Ein Tagesausweis wird auch in diesem Fall erstellt.

Antwort 16

Ich werde telefonisch die Sicherheitszentrale/Leitung des Sicherheitsdienstes über die Vorfälle informieren. Die Flugblattverteiler mache ich aufmerksam, dass sie nicht befugt sind, das Betriebsgelände zu betreten. Sollten sie daraufhin nicht reagieren und weiterhin das Betriebsgelände betreten, mache ich darauf aufmerksam, dass die Polizei über die Vorgänge informiert wird. Von den Flugblättern versuche ich ein Exemplar für spätere Auswertungen zu bekommen.
Wichtig ist noch, dass durch die Vorgänge der ordnungsgemäße Ablauf an der Pforte nicht gestört wird. Über den Vorfall wird eine schriftliche Meldung an die Leitung des Sicherheitsdienstes verfasst.

Antwort 17

Bei Kontrollen des Fahrzeugverkehrs werden betriebseigene Fahrzeuge, betriebsfremde Fahrzeuge sowie Fahrzeuge von Mitarbeitern kontrolliert. Die Kontrolle erstreckt sich auf Fahrzeug, Ladung, Fahrer und Mitfahrende.

Frage 18

Unterscheiden sich Fahrzeugkontrollen in den rechtlichenVoraussetzungen von den Taschenkontrollen?

Frage 19

Welche „Hilfsmittel" benutzen Sie bei einer Fahrzeugkontrolle?

Frage 20

Bei der routinemäßigen Ausfahrt eines Lkws stellen Sie fest, dass zwei Reifen des Lkw-Anhängers starke Abnutzungserscheinungen aufweisen. Der Fahrer, den Sie darauf ansprechen, erklärt, er müsse nur eine kurze Strecke fahren, dann werden die Reifen gewechselt. Bei dem Lkw handelt es sich um ein Transportfahrzeug ihres Betriebes. Was tun Sie?

Frage 21

Im Rahmen von Fahrzeugkontrollen beim Tordienst begegnen Ihnen häufig Gefahrenguttransporte. Was müssen Sie über die Beförderung gefährlicher Güter wissen, um sicher kontrollieren zu können?

Antwort 18

Nein. Für beide Kontrollen gelten die Voraussetzungen aus vertraglicher Vereinbarung und Gesetz.

Antwort 19

- Führerschein,
- Zulassungsberechtigung Teil I,
- Lieferpapiere,
- Warenbegleitschein,
- Wiegeprotokoll,
- Listen der ein- bzw. ausfahrberechtigten Fahrzeuge.

Antwort 20

Ich werde den Fahrer, nachdem er seinen Lkw so abgestellt hat, dass er die Ausfahrt nicht versperrt, bitten, den Motor abzustellen und auszusteigen. Mit einem Reifenprofilmesser kann ich die Profiltiefe messen. Liegt sie unter den gesetzlichen Bestimmungen (1,6 mm), werde ich den Lkw nicht aus dem Betrieb fahren lassen.
Der Vorgesetzte des Fahrers wird sofort telefonisch über den Vorfall verständigt, damit er noch – falls nötig – mit einem anderen Fahrzeug disponieren kann. Über den Vorgang wird eine schriftliche Meldung an die Leitung des Sicherheitsdienstes verfasst.

Antwort 21

Fahrzeuge, die gefährliche Güter transportieren, müssen vorne und hinten, Tankfahrzeuge mit mehreren Kammern zusätzlich an jeder Seite eine 40 × 30 cm große orangefarbene Warntafel mit schwarzer Aufschrift haben. Die Warntafeln haben Zahlenkombinationen in der oberen und unteren Hälfte. Die Zahlen in der oberen Hälfte sagen etwas über die Gefährlichkeit des Gutes aus, die Zahl in der unteren Hälfte beschreibt den Inhalt. Steht vor der oberen Zahl ein X, darf der Stoff nicht mit Wasser in Berührung kommen. Die für das Gut geeigneten Feuerlöscher sowie die Unfallmerkblätter und die persönliche Schutzausrüstung für das Transportpersonal müssen mitgeführt werden.
Der Fahrer muss die Genehmigung zum Transport des Gefahrguts nach der Gefahrgutverordnung Straße, Eisenbahn und Binnenschifffahrt (GGVSEB) vorweisen können.

Frage 22
Warum ist der Werksausweis im industriellen Bereich für die Sicherheit von großer Bedeutung?

Frage 23
Welche Kriterien soll ein in der Industrie verwendeter Firmenausweis erfüllen?

Frage 24
Sie stellen bei der Ausweiskontrolle an der Hauptpforte fest, dass es sich bei dem Ausweis, den der Mitarbeiter beim Einpassieren vorzeigt, um eine Kopie des Originalausweises handelt. Darauf angesprochen, erklärt der Mitarbeiter, dass er mehrere Kopien habe, da er seinen Originalausweis häufig nicht finden könne. Was tun Sie?

Antwort 22

- Durch den Ausweis wird die Identität dokumentiert.
- Die Zutritts- und/oder Aufenthaltsberechtigung wird geprüft.
- Hinweise über Verhaltensmaßregeln für den Träger des Ausweises sind enthalten.
- Codierte Ausweise haben mehrere Nutzanwendungen (Zutrittskontrolle, Zeiterfassung, Kantinenessen usw.).

Antwort 23

- Firmenname,
- Name, Vorname, Titel des Mitarbeiters,
- Personalnummer,
- Ausweisnummer,
- Lichtbild,
- Unterschrift,
- Kennzeichnung von Sonderrechten, z. B.: Parkplatz, Zutritt außerhalb der Arbeitszeit,
- Benutzerregelungen (meist auf der Rückseite) für den Mitarbeiter, z. B.: Ausweistragepflicht,
- Übertragungsverbot, Pflicht zur sofortigen Meldung bei Verlust,
- Hinweise für den Finder (bei Ausweisverlust), den Ausweis an nachstehende Adresse zu schicken.

Antwort 24

Zunächst wird der Mitarbeiter gebeten, in die Pforte zu kommen. Zur Feststellung von Identität und Legitimation rufe ich seinen Vorgesetzten an, dem ich den Sachverhalt schildere. Wenn der Vorgesetzte bestätigt, dass der Mitarbeiter berechtigt ist, den Betrieb zu betreten, kann er dies. Nach Ausfüllen eines Besucherscheines erhält er einen Tagesausweis.
Zwischenzeitlich erkläre ich dem Mitarbeiter, dass die Verwendung von solchen Kopien von Werksausweisen nicht zulässig ist.
Über den Vorfall verfasse ich eine schriftliche Meldung an die Leitung des Sicherheitsdienstes und an die Personalabteilung.

Frage 25
Welche Funktionen erfüllt der Besucherschein?

Frage 26
Welche Angaben soll ein Besucherschein enthalten?

Frage 27
Mit welchen Arten von Betriebsfremden muss der Werkschutz rechnen?

Antwort 25
- Ausweisfunktion dem Werkschutz gegenüber,
- Orientierungshilfe für Besucher,
- Gefahrenhinweis,
- begründet Vertragsverhältnis durch die Unterschrift, d.h. der Besucher erkennt Regelungen wie z.B. die Durchführung einer Taschenkontrolle oder Verkehrsvorschriften an,
- Nachweis für spätere Auswertungen (Dokumentation),
- wichtig für Statistik.

Antwort 26
- Firmennamen,
- laufende Nummer,
- Datum des Besuches,
- Name, Anschrift und Firma des Besuchers,
- Name des Besuchten, bei mehreren Personen alle Namen der Besuchten,
- Eingangs-/Ausgangszeit,
- Unterschriften des Besuchers/Sicherheitsdienstes/Besuchten,
- Auszüge aus der Betriebsvereinbarung, z.B.: Einverständniserklärung von Taschenkontrollen oder Parkplatzordnung,
- Verhaltensregeln bei Gefahr,
- Quittung über den erhaltenen Besucherausweis.

Antwort 27
- Besucher, Besuchergruppen,
- Lieferanten/Abholer,
- Handwerker, Monteure, Dienstleistungspersonal (z.B. Reinigung),
- Behördenvertreter,
- VIPs,
- Sonstige (ehemalige Mitarbeiter, Verwandte und Firmenangehörigen).

Frage 28
Was ist bei der Verwahrung von Gegenständen, die Besucher an der Pforte abgeben, zu beachten?

Frage 29
Besuchergruppen führen häufig Fotoapparate, Fotohandys mit. Welche Möglichkeiten haben Sie, ein bestehendes Fotografierverbot durchzusetzen?

Frage 30
Wie verhalten Sie sich, wenn ein Besucher es ablehnt, den Besucherschein zu unterschreiben? Der Besucher begründet die Verweigerung damit, dass er sich der Regelung, wonach Taschenkontrollen bei Besuchern durchgeführt werden können, nicht unterwerfen will.

Antwort 28

Bei der Entgegennahme ist festzuhalten:
- Wer gibt den Gegenstand ab.
- Beschreiben des Gegenstandes

(Bezeichnung, Hersteller, Type, Farbe, Gerätenummer).
- Wann wurde der Gegenstand abgegeben. Wie lange soll er aufbewahrt werden.

Bei der Verwahrung ist zu beachten:

Der Gegenstand ist sicher zu verwahren, d. h. er muss vor Beschädigung, Veränderung und Verlust geschützt werden. Dafür bieten sich am besten Schließfächer, Tresore und andere massive Behältnisse an.

Bei der Abholung:

Der Abholende ist zu identifizieren und muss die Quittung vorlegen können.
- Der Abholvorgang ist auf einem Formular festzuhalten (z. B. Durchschrift der Quittung).

Wichtig dabei:
- wer empfängt den Gegenstand,
- wer händigt ihn aus,
- Uhrzeit festhalten.

Antwort 29

Eine Sicherheitskraft begleitet die Besuchergruppe und sorgt dafür, dass nicht gegen das Fotografierverbot verstoßen wird. Vor Betreten des Werkes muss das Fotografierverbot der Besuchergruppe natürlich mitgeteilt werden.

Der Sicherheitsdienst stellt an der Pforte Schließfächer zur Verfügung, in denen die Fotoapparate deponiert werden. Über den Vorgang sind den jeweiligen Besuchern Quittungen (Gepäckscheine) auszustellen.

Antwort 30

Ich werde den Besucher darauf aufmerksam machen, dass das Ausfüllen des Besucherscheines zum üblichen Procedere vor dem Betreten der Firma gehört und Ausnahmen durch den Sicherheitsdienst nicht zulässig sind. Beharrt der Besucher auf seinem Wunsch, werde ich den Leiter des Sicherheitsdienstes und den Ansprechpartner des Besuchers telefonisch über die Situation informieren. Für den Fall, dass der Besucher den Besucherschein nach Absprache mit den beiden Stellen nicht unterschreiben muss, wird er in den Betrieb gelassen; anderenfalls wird ihm der Zutritt verwehrt.

Frage 31

Gibt es ein Grundrecht, das die Unverletzlichkeit von Haus und Wohnung sowie von Betriebs- und Geschäftsräumen garantiert?

Frage 32

Gibt es Personen, die ein Sonderzugangsrecht zur Firma haben?

Frage 33

An die Pforte, die während der normalen Arbeitszeit durch Sie besetzt ist, kommt ein Ihnen unbekannter Mann und gibt an, Kontrollen im Werk durchführen zu wollen. Er sei der technische Aufsichtsbeamte der Berufsgenossenschaft und dazu befugt; Termin dazu hätte er nicht vereinbart.
Ist ein Mitarbeiter der Berufsgenossenschaft zu Kontrollen berechtigt? Wie gehen Sie weiter vor?

Antwort 31

Ja, Art. 13 GG. Dort wird die Unverletzlichkeit der Wohnung garantiert. Dies gilt auch für Betriebs- und Geschäftsräume.

Antwort 32

Angehörige
- der Polizei,
- der Feuerwehr (im vorbeugenden und abwehrenden Brandschutz),
- des Gewerbeaufsichtsamtes,
- der Berufsgenossenschaften,
- der Technischen Überwachungsvereine (z. B. als Beauftragte der Berufsgenossenschaft oder der Gewerbeaufsicht),
- der Gewerkschaften (unter der Voraussetzung, dass die Gewerkschaft, deren Mitglieder von dem Sonderzugangsrecht nach § 2 BetrVG Gebrauch machen wollen, auch im jeweiligen Betrieb vertreten ist), können so genannte Sonderzugangsrechte haben. Unter bestimmten Umständen (z. B. Verfolgung eines Straftäters durch Polizeibeamte, Überprüfung der Einhaltung der Vorschriften der Berufsgenossenschaften durch den zuständigen Mitarbeiter der Berufsgenossenschaft) darf dieser Personenkreis nicht am Betreten des Unternehmens gehindert werden.

Vorausgesetzt ist immer ein dienstlicher Auftrag. Ein Polizeibeamter, der nur mal eben die Produktionsräume eines Automobilwerks interessehalber besichtigen möchte, hat kein Sonderzugangsrecht.
Hinweis: Auch wenn ein Sonderzugangsrecht besteht, muss sich der Berechtigte in seiner Funktion ordnungsgemäß ausweisen sowie die Sicherheitsvorschriften des Unternehmens einhalten.

Antwort 33

Ja, Mitarbeiter der Berufsgenossenschaft sind nach § 10 Abs. 1 DGUV V 1 sowie § 13 ASiG zu Kontrollen befugt.
Ich werde seine Identität anhand seines Dienstausweises überprüfen. Anschließend bitte ich ihn, einen Besucherschein auszufüllen. Währenddessen verständige ich telefonisch die Leitung des Sicherheitsdienstes und den Ansprechpartner der Berufsgenossenschaft (Fachabteilung für Arbeitssicherheit). Entweder wird er von einer der beiden Seiten abgeholt oder im Verhinderungsfall durch eine Sicherheitskraft zu den Kontrollen ins Werk begleitet.

Frage 34
Erklären Sie den Begriff „Fundsache.

Frage 35
Wie ist mit gefundenen Gegenständen zu verfahren?

Frage 36
Welche Angaben sind in einem Protokoll über einen gefundenen Gegenstand aufzunehmen?

Frage 37
Was ist beim Aushang einer Fundmeldung am Schwarzen Brett zu beachten?

Frage 38
Erläutern Sie die Bedeutung der Kontrollmaßnahmen durch den Sicherheitsdienst im Güterverkehr.

Antwort 34
„Fundsachen" sind Gegenstände, die auf dem Betriebsgelände gefunden wurden und deren Eigentumsverhältnisse nicht eindeutig bekannt sind. Eigentümer können sein
- der Betrieb (die Firma),
- Mitarbeiter des Betriebes,
- Betriebsfremde.

Antwort 35
Gefundene Gegenstände sind unverzüglich der zuständigen Behörde anzuzeigen. Dies gilt nur für Gegenstände mit einem Wert von mehr als 10 €. Je nach Absprache mit der zuständigen Behörde können Fundsachen zunächst im Betrieb verwahrt und erst nach bestimmten Fristen der Behörde übergeben werden.

Antwort 36
Detaillierte Beschreibung des Fundgegenstandes: Wer hat den Gegenstand gefunden?
Wo und wann wurde der Gegenstand gefunden?
Wo wird der Gegenstand aufbewahrt?

Antwort 37
Der gefundene Gegenstand darf nicht zu ausführlich beschrieben sein.

Antwort 38
Kontrollen im Güterverkehr haben die Aufgabe, Eigentum des Betriebes, seiner Mitarbeiter und Besucher vor Verlust zu schützen.
Der Sicherheitsdienst wird hier tätig im Rahmen der Kontrolle von Warenanlieferungen/-abholungen, bei der Entsorgung, im Leihwesen und im Verwiegedienst.

Frage 39

Schildern Sie die Schwierigkeiten für den Sicherheitsdienst bei der Einbringung von Gegenständen durch Betriebsfremde.

Frage 40

Welche Möglichkeiten haben Sie bei Gegenständen, die durch Betriebsangehörige aus dem Unternehmen gebracht werden, die Rechtmäßigkeit des Verbringens festzustellen?

3.2 Posten- und Streifendienst

Objektschutz, Schließwesen, Alarmdienst, Brandschutz (Vorbeugung und Abwehr), Rettungs- und Hilfsdienst, Katastrophenschutz, Mithilfe bei Unfallverhütung und Mithilfe bei Umweltschutz

Frage 41

Das Leistungspotenzial eines Unternehmens gliedert sich in drei Leistungsfaktoren. Wie lauten sie?

Frage 42

Welche sind die Schutzobjekte des betrieblichen Sicherheitswesens?

Antwort 39

- Betriebsfremde dürfen Materialien und Sachen nur im unbedingt benötigten Umfang mitbringen (persönliche Gegenstände, Werkzeuge, Material).
- Für die Lagerung auf dem Betriebsgelände sollten verschließbare Behältnisse zur Verfügung stehen (Spinde, Schränke usw.).
- Werkzeug, Material und alle anderen Gegenstände, die mit Betriebseigentum verwechselt werden können, sollten gekennzeichnet und in eine Inventarliste aufgenommen werden.

Antwort 40

Kontrolle von Vordrucken, z. B.

- Teileschein,
- Verkaufsschein,
- Reparaturschein und
- Überlassungsschein.

Antwort 41

Das Leistungspotenzial eines Unternehmens besteht aus

- personellen
- materiellen
- immateriellen

Leistungsfaktoren.

Antwort 42

Die Schutzobjekte des betrieblichen Sicherheitswesens sind

- Menschen im Betrieb (Mitarbeiter, Besucher, Fremdfirmen),
- Sach- und Vermögenswerte (Werkstoffe, Betriebsmittel, Kapital, Energie),
- Ordnung und anderes, wie Organisation, Betriebsklima, Patente.

■ **Frage 43**
Welche betrieblichen Sicherheitsfunktionen kennen Sie?

■ **Frage 44**
Wie lautet der Generalauftrag des Sicherheitsdienstes?

■ **Frage 45**
Der Generalauftrag legt den Status des Sicherheitsdienstes fest. Nennen Sie die vier Punkte, die den Status des Sicherheitsdienstes begründen.

■ **Frage 46**
In welche Bereiche gliedern sich die Aufgaben des Sicherheitsdienstes?

■ **Frage 47**
Die Gefahrensituationen bestimmen die Sicherungsarten. Definieren Sie die zwei Sicherungsarten.

Antwort 43

In dem betrieblichen Sicherheitswesen gibt es folgende Sicherheitsfunktionen:

- Arbeitsschutz,
- Brandschutz,
- Betriebsschutz,
- Umweltschutz.

Antwort 44

Der Sicherheitsdienst hat die Aufgabe, durch die Aufrechterhaltung der Ordnung und Sicherheit Gefahren und Schäden vom Betrieb abzuwenden, d. h. Schutz der Menschen, Sach- und Vermögenswerte, Wahrung der Ordnung.

Antwort 45

Folgende Punkte begründen den Status des Sicherheitsdienstes:

1. Der Sicherheitsdienst ist eine betriebliche und damit private Ordnungs- und Sicherheitsinstitution.
2. Er hat keinerlei Polizeirechte (Hoheitsrechte).
3. Ihm stehen, wie jedem Privatmann, die so genannten Notwehr- und Notstandsrechte zu („Jedermannsrechte“).
4. Weitere Rechte erhält der Werkschutz durch Übertragung oder Auftrag im Rahmen der Besitzdienerschaft (Dienstanweisung, Betriebsvereinbarung, Arbeitsvertrag).

Antwort 46

Die Aufgaben des Sicherheitsdienstes gliedern sich grundsätzlich wie folgt:

- Tor- und Pfortendienst,
- Wach- und Streifendienst,
- Alarmdienst,
- Verkehrsdienst.

Antwort 47

Als *Vorbeugung* (Prävention) bezeichnet man alle Sicherungsmaßnahmen, die auf die Verhinderung eines möglichen Schadens ausgerichtet sind.
Als *Abwehr* (Repression) werden alle Sicherungsmaßnahmen bezeichnet, die auf die Bekämpfung oder Beseitigung eines bereits eingetretenen Schadens gerichtet sind.

Frage 48
Welche zwei betrieblichen Gefahrenarten sind für den Werkschutz von Bedeutung?

Frage 49
Erläutern Sie kurz die Begriffe abstrakte und konkrete Gefahr.

Frage 50
Nennen Sie die drei Gefahrenquellen innerhalb eines Betriebes.

Frage 51
Nennen Sie die drei Elemente der Kontrolle des Sicherheitsdienstes.

Frage 52
Was ist das Ziel aller Kontrollen?

Frage 53
Welche Kontrollarten kennen Sie?

Frage 54
Welchen Zwecken dient die personelle Kontrolle?

Frage 55
Welchem Zweck dient die materielle Kontrolle?

Antwort 48
Die abstrakte (potenzielle) Gefahr und die konkrete (akute) Gefahr.

Antwort 49
Abstrakte Gefahr:
- Mögliche, nicht unmittelbar drohende Gefahr,
- Maßnahmen müssen vorbeugend ohne besondere Eile ergriffen werden.

Konkrete Gefahr:
- Unmittelbar drohende, bevorstehende Gefahr,
- sofortige Maßnahmen notwendig.

Antwort 50
- Menschen (Betriebsangehörige, Betriebsfremde),
- Sachen (Material, Gebäude, Anlagen, Fahrzeuge),
- Ereignisse, Vorgänge, Zustände.

Antwort 51
- Kontrollorgan (Sicherheitskraft),
- Kontrollobjekt (Gefahrenquellen),
- Kontrolltätigkeit (Gefahrenanalyse).

Antwort 52
Das Ziel der Kontrolle ist der Soll-Ist-Vergleich mit den sich daran anschließenden Maßnahmen.

Antwort 53
Es gibt:
- personelle Kontrollen (Zutritts- oder Aufenthaltsberechtigung),
- materielle Kontrollen (Verbringen von Gegenständen),
- Zustandskontrollen (z. B. Verschlusskontrolle).

Antwort 54
Die personelle Kontrolle dient der Identitätsfeststellung und der Zugangsberechtigung.

Antwort 55
Die materielle Kontrolle dient dem Schutz der Sachwerte, die durch Diebstahl, Unterschlagung, Sachbeschädigung, Sabotage bedroht werden.

Frage 56
Wo und wann führen Sie materielle Kontrollen durch?

Frage 57
Beschreiben Sie die Notwendigkeit der Zustandskontrolle und nennen Sie einige Beispiele.

Frage 58
Welche betrieblichen Bereiche umfasst der Objektschutz?

Frage 59
Welches sind die Schutzziele des Objektschutzes?

Frage 60
Nennen Sie sechs Beispiele für Kontrollen, die im Rahmen des Wach- und Streifendienstes erforderlich werden können.

Antwort 56

- Während einer Eingangskontrolle und Ausgangskontrolle,
- bei einer Verbleibskontrolle innerhalb und außerhalb des Werksgeländes,
- während und außerhalb der Arbeitszeit.

Antwort 57

Die Zustandskontrolle ist notwendig, damit Zustände, Vorgänge und Ereignisse, die zu einer Gefahr und damit einer Schädigung des Betriebes führen können, verhindert werden.
Zustandskontrollen kennen wir:

- beim Arbeitsschutz (Tragen von Sicherheitskleidung),
- im Brandschutz (ordnungsgemäßer Zustand der Feuerlöscher, Freihalten von Feuerwehrzufahrten, Einhalten des Rauchverbotes),
- mit Katastrophenschutz (Freihalten von Fluchtwegen).

Antwort 58

Der Objektschutz umfasst den gesamten Betriebsbereich, nämlich den Schutz der Menschen, der Sach- und Vermögenswerte sowie der betrieblichen Ordnung.

Antwort 59

Der Objektschutz schützt unter anderem:

- vor unbefugtem Zutritt oder Aufenthalt;
- gegen Delikte der Betriebskriminalität (Eigentumsdelikte),
- vor Verrat von Betriebs- und Geschäftsgeheimnissen,
- gegen Sabotage und Sachbeschädigung,
- vor Störung des Betriebsablaufes.

Antwort 60

- Kontrolle der Werksausweise,
- Ladungskontrolle bei Betriebs- und Fremdfahrzeugen (Gefahrgut),
- Verschlusskontrolle an Gebäuden, Anlagen und Fahrzeugen,
- Kontrollen auf Beachtung der Verkehrszeichen,
- Kontrollen im Rahmen des Umweltschutzes (Schornsteine, Bachläufe),
- Beachten der einschlägigen Unfallverhütungsvorschriften.

Frage 61
Welche Aufgaben hat der Wach- und Streifendienst?

Frage 62
Wann werden Streifengänge durchgeführt?

Frage 63
Welche Bekleidung und Ausrüstung sollte beim Wach- und Streifendienst mitgeführt werden?

Frage 64
Was ist bei allen Vorkommnissen zu tun?

Frage 65
Was ist eine Meldung und welche Informationen soll sie beinhalten?

Frage 66
Welche Schutzaufgaben werden durch das Schließwesen erfüllt?

Antwort 61
Der Wach- und Streifendienst meldet grundsätzlich alle sicherheitsrelevanten Feststellungen und muss alle auftretenden Schäden erkennen und ggf. beseitigen. Die erforderlichen Maßnahmen sind auch dann notwendig, wenn sie in der Dienstanweisung nicht ausdrücklich erfasst sind.

Antwort 62
- Während und außerhalb der üblichen Arbeitszeit,
- in besonderen Fällen.

Antwort 63
- Handfunksprechgerät und evtl. Handy,
- Wächterkontrollsystem (Kontrolluhr, Datensammler, Funkstechuhr),
- Taschenlampe (explosionsgeschützt),
- zweckmäßige und den Unfallverhütungsvorschriften entsprechende Arbeitskleidung,
- Schreibmaterial,
- Notwehrgeräte (soweit betrieblich vorgesehen),
- Schutzhund,
- Fernglas.

Antwort 64
Bei allen Vorkommnissen ist unverzügliche Meldung (Funk oder schriftlich) an die zuständige Stelle (Sicherheitszentrale, Vorgesetzter) zu machen.

Antwort 65
Eine Meldung ist eine mündliche oder schriftliche Information über den Sachverhalt eines rechts-, sicherheits- oder ordnungswidrigen Vorgangs oder Zustands im Betrieb. Wird kein Vordruck verwendet, soll die Meldung in chronologischer Reihenfolge folgende Informationen beinhalten:
- wann, wo, was, wie, womit, warum, wer.

Antwort 66
- Vermeidung des Zutritts durch Unbefugte,
- Schutz von Personen vor Störungen, Belästigungen oder Angriffen,
- Vermeidung von Betriebsunfällen,
- Sicherung des Eigentums und Vermögens vor Diebstahl,
- Festlegung von Verkehrswegen,
- Kontrolle und datengerechte Erfassung von Schließvorgängen.

Frage 67
Welche Arten von Schließanlagen kennen Sie?

Frage 68
Wie müssen Notausgänge (Fluchtwege) beschaffen sein?

Frage 69
Wie müssen Schlüssel verwahrt werden?

Frage 70
Was ist bei Verlust von Schlüsseln zu beachten?

Frage 71
Wer ist in einem Unternehmen für den Schutz und die Sicherheit verantwortlich?

Frage 72
Nennen Sie fünf Vorschriften, die für betriebliche Schutzmaßnahmen gelten.

Frage 73
Wer kann in einem Betrieb eine Alarmmeldung absetzen?

Antwort 67
- Hauptschlüsselanlage,
- Zentralschlossanlage,

In Erweiterung:
- Generalhauptschlüsselanlage,
- Kombinierte Hauptschlüssel-Zentralschlossanlage,
- Sonderschließungen.

Antwort 68
Notausgänge muss man von innen und ohne fremde Hilfe jederzeit öffnen können. Sie dürfen nicht mit einem Schlüssel verriegelbar sein.

Antwort 69
- Zugriff Unbefugter verhindern,
- Übersichtlichkeit sicherstellen,
- abholberechtigte Personen festlegen,
- Ausgabe nur gegen Unterschrift,
- Zeitregistrierung bei Ausgabe und Entgegennahme.

Antwort 70
- Sofortige Meldung an Vorgesetzte und zuständige Fachfunktionen,
- Ermittlungen über Verbleib durchführen,
- Objekt personell sichern.

Antwort 71
Die Betriebs- und Unternehmensleitung ist aufgrund von gesetzlichen Vorschriften und Verordnungen für den Schutz und die Sicherheit der Mitarbeiter verantwortlich. Diese Verantwortung kann man durch ein Vertragsverhältnis übertragen, z. B. an ein Dienstleistungsunternehmen.

Antwort 72
- Gewerbeordnung,
- Berufsgenossenschaftliche Vorschriften,
- Bürgerliches Gesetzbuch (BGB),
- Handelsgesetzbuch (HGB),
- Arbeitsstättenverordnung.

Antwort 73
Jeder Mitarbeiter ist verpflichtet, bei Vorliegen eines wichtigen Ereignisses eine Alarmmeldung zu veranlassen.

Frage 74
Nennen Sie sechs Gründe bzw. wichtige Ereignisse, die zu einer Alarmierung führen können.

Frage 75
Was hat die Alarmzentrale bei der Meldung eines Schadensereignisses festzustellen?

Frage 76
Wo ist die Räumung eines Betriebes geregelt?

Frage 77
Der betriebliche Brandschutz umfasst welche Aufgabenbereiche?

Frage 78
Nennen Sie sechs Grundkenntnisse, die jede Sicherheitskraft im Brandschutz haben muss.

Antwort 74

- Schwerer Betriebsunfall,
- Emission (Entweichen) giftiger Stoffe,
- Bombendrohung,
- Feuer/Explosion,
- Unwetter,
- Demonstration.

Antwort 75

- Name und Erreichbarkeit des Informanten;
- Uhrzeit des Eingangs der Meldung.
- Was ist wo, wann passiert?

Wenn möglich:

- Wer (Fahndungsdaten) hat womit, wie und warum etwas gemacht?
- Was ist bereits veranlasst worden?
- Anweisungen geben (z. B. Sicherung des Tatortes).

Antwort 76

§ 4 Abs. 4 ArbStättV fordert die Erstellung eines Flucht- und Rettungsplans.

Antwort 77

Der betriebliche Brandschutz umfasst sowohl vorbeugende als auch abwehrende Maßnahmen.

Antwort 78

- Handhabung der Feuerlöschgeräte beherrschen,
- Brandschutzordnung des Betriebes kennen,
- Durchführung eines Feueralarmes,
- Gefahrenpunkte des Betriebes kennen,
- Deutung von Rohrleitungen nach dem Durchflussstoff gem. DIN 2403,
- Absperreinrichtungen für Gas und Wasser.

Frage 79
Nennen Sie sechs Sicherheitsmaßnahmen zur Brandverhütung.

Frage 80
Welcher Verhaltensgrundsatz gilt allgemein im Brandfall für die Sicherheitskraft?

Frage 81
Nennen Sie sechs Grundsätze, die im Brandfall zu beachten sind.

Frage 82
Nennen Sie sechs Pflichten, die der Unternehmer beim Rettungs- und Hilfsdienst zu erfüllen hat.

Frage 83
Was verstehen Sie unter dem Begriff „Katastrophe“?

Antwort 79

- Ordnung und Sauberkeit am Arbeitsplatz,
- Elektrogeräte auf feuerfeste Unterlage stellen,
- bei Schweißarbeiten Sondervorschriften und Schutzmaßnahmen beachten (Schweißerlaubnis),
- Zigarren- oder Zigarettenreste nicht in Abfalltonnen,
- Rauchverbot beachten,
- auf gefahrlose Lagerung brennbarer Flüssigkeiten achten.

Antwort 80

- Melden,
- retten,
- bekämpfen.

Antwort 81

- Versehrten helfen,
- keine Aufzüge benutzen, Aufzug zum Erdgeschoss rufen,
- wichtige Geräte und Dokumente sichern,
- Sammelplatz aufsuchen,
- Treppenräume und Fluchtwege vor Verqualmung schützen,
- Belüftungsanlagen abstellen.

Antwort 82

- Bereitstellen eines Sanitätsraumes,
- Aufbau eines Alarm- und Meldesystems,
- Stellung von Ersthelfern bzw. Betriebssanitätern,
- das Erste-Hilfe-Material ist leicht zugänglich aufzubewahren,
- Rettungsgeräte sind bereit zu halten,
- Verhalten bei Arbeitsunfällen ist zu unterrichten.

Antwort 83

Unter Katastrophe versteht man ein unvorhergesehenes außergewöhnliches Schadensereignis mit schweren Folgen für Menschen und/oder Sachen. Zu deren Bekämpfung sind einheitliche, gelenkte Maßnahmen erforderlich.

Frage 84
Nennen Sie sechs Institutionen, die im Falle einer Katastrophe zu benachrichtigen sind.

Frage 85
Welche Bedeutung hat der Arbeitsschutz in unserer Gesellschaft? Nennen Sie vier Faktoren.

Frage 86
Wie leistet der Sicherheitsdienst praktische Mithilfe im Arbeitsschutz? Nennen Sie vier Tätigkeiten.

Frage 87
Nennen Sie sechs Tätigkeiten im Rahmen des Umweltschutzes.

Frage 88
Wie werden Gefahrgüter beim Transport gekennzeichnet?

Antwort 84

- Polizei,
- Feuerwehr,
- Sanitätsdienste,
- Katastrophenschutzamt,
- Gewerbeaufsichtsamt,
- Technisches Hilfswerk.

Antwort 85

- Sicherheit bei der Arbeitsdurchführung,
- Schutz vor Verletzungen,
- Schutz vor Berufskrankheiten,
- Schutz vor sozialen Nachteilen.

Antwort 86

- Feststellen von Unfallquellen,
- Überwachen der Einhaltung der Ordnungs- und Unfallverhütungsvorschriften,
- Sicherung gefährlicher Güter und Arbeitsmittel,
- Mitwirkung bei Arbeitsunfallaufnahmen und Untersuchungen.

Antwort 87

Überwachung von:

- Schornsteinen,
- Kanalauslässen,
- Abfalldeponien,
- abgestellten Tankwagen,
- vermeidbaren Lärmquellen,
- Rohrleitungen.

Antwort 88

Mit orangefarbenen Warntafeln, auf denen die Gefahrnummer und die Stoffnummer (UN-Nummer) angegeben sind.

Frage 89
Nennen Sie sechs Regelungen in der DGUV – Deutsche Gesetzliche Unfallversicherung – Vorschrift 23 hinsichtlich der Dienst- und Objekteinweisung.

Frage 90
Nennen Sie sechs Themen, die inhaltlich in einer Dienstanweisung berücksichtigt werden sollen.

3.3 Verkehrsdienst

Regelung des innerbetrieblichen Verkehrs, Verkehrssicherung, Verkehrseinrichtungen und Verhalten am Unfallort

Frage 91
Welche Arten von Verkehrsflächen gibt es?

Frage 92
Wann ist eine Verkehrsfläche öffentlich im Sinne des Verkehrsrechtes?

Antwort 89

- Objekteinweisungen sind zu den Wachzeiten vorzunehmen,
- Verhalten des Wach- und Sicherungspersonals bei besonderen Gefahren (Maßnahmen und Meldeweg),
- es ist sicherheitsgerechtes Verhalten bei besonderen Gefahren zu üben,
- Dienstanweisungen sind zu befolgen,
- dem Sicherheitsauftrag entgegenstehende Weisungen des Auftraggebers dürfen nicht befolgt werden,
- Verhalten gegenüber eingesetzten Hunden.

Antwort 90

- Geltungsbereich der Dienstanweisung,
- Befugnisse und Aufgaben,
- Gefahrenbereiche,
- Hinweise auf Notwehrrechte,
- Kontrollmöglichkeiten,
- Fotografierverbot.

Antwort 91

Es gibt öffentliche und nichtöffentliche Verkehrsflächen.

Antwort 92

Eine Verkehrsfläche ist öffentlich im Sinne des Verkehrsrechts, wenn entweder mit ausdrücklicher oder stillschweigender Duldung des Verfügungsberechtigten jedermann zur Benutzung zugelassen ist und auch eine entsprechende Benutzung stattfindet, und zwar ohne Rücksicht auf Eigentumsverhältnisse oder eine verwaltungsrechtliche Widmung nach öffentlichem Wegerecht.

Frage 93
Wann ist eine Verkehrsfläche als nichtöffentlich im Sinne des Verkehrsrechts anzusehen?

Frage 94
Was darf der Sicherheitsdienst auf öffentlichen Verkehrsflächen grundsätzlich nicht tun und was darf er dort tun?

Frage 95
Welche grundsätzlichen Aufgaben nimmt der Sicherheitsdienst im Rahmen des Verkehrsdienstes wahr?

Frage 96
Wann ist auch bei einem Verkehrsunfall auf einer nichtöffentlichen Verkehrsfläche die Polizei zuständig?

Antwort 93

Eine nichtöffentliche Verkehrsfläche liegt vor, wenn die Benutzung auf einen ganz bestimmten, fest umgrenzten Personenkreis beschränkt ist, d.h. wenn der Verfügungsberechtigte ausdrücklich oder erkennbar nur solchen Personen den Zutritt gestattet, die in engen persönlichen Beziehungen zu ihm stehen.

Wesentlich für die nichtöffentliche Verkehrsfläche ist, dass die vorhandenen Einschränkungen für jeden erkennbar sein und in der täglichen Praxis auch überwacht und durchgesetzt werden müssen.

Antwort 94

Auf öffentlichen Verkehrsflächen darf der Sicherheitsdienst grundsätzlich nicht in den Verkehr eingreifen, ihn also z.B. nicht regeln.

Er darf wie jeder andere Verkehrsteilnehmer nur auf Gefahren hinweisen oder Führer von Fahrzeugen, die aus dem Werksgelände ausfahren, durch Hilfen (Zeichen) unterstützen oder einweisen.

In Notfällen, z.B. bei Brand oder beim Transport Verletzter, darf er wie jedermann von den Rechten des § 34 StGB Gebrauch machen. Der unerlaubte Eingriff in den Verkehr wird nämlich in solchen Situationen durch den rechtfertigenden Notstand nach § 34 StGB gerechtfertigt.

Antwort 95

Im Rahmen des Verkehrsdienstes nimmt der Sicherheitsdienst folgende grundsätzlichen Aufgaben wahr:

- Verkehrsregelung,
- Verkehrsüberwachung,
- Unfallaufnahme.

Antwort 96

Die Polizei ist in Sachen Verkehr grundsätzlich nur auf öffentlichen Verkehrsflächen zuständig. Die Polizei ist jedoch außerdem zuständig für die Verfolgung von Straftaten und Ordnungswidrigkeiten. Der Verdacht einer Straftat (z.B. fahrlässige Körperverletzung) liegt auch bei einem Unfall auf nichtöffentlicher Verkehrsfläche vor, bei dem Personen verletzt werden, und begründet damit die Zuständigkeit der Polizei. Dies gilt natürlich erst recht, wenn bei einem solchen Unfall eine Person getötet wurde (fahrlässige Tötung).

Frage 97
Was ist Sinn und Zweck der Verkehrsregelung und der Verkehrsüberwachung?

Frage 98
Wann kann es erforderlich sein, eine Verkehrsregelung durchzuführen?

Frage 99
Welche rechtliche Bestimmung gilt sinngemäß, wenn der Sicherheitsdienst Zeichen und Weisungen, z. B. bei der Verkehrsregelung, erteilt? Welche Anforderungen sind in dieser Bestimmung enthalten?

Frage 100
Welche persönliche Ausrüstung ist für den Einsatz bei der Verkehrsregelung sinnvoll? Denken Sie dabei vor allem an die Eigensicherung.

Frage 101
Welche organisatorischen Maßnahmen können die Verkehrsregelungsmaßnahmen des Sicherheitsdienstes zur Verhinderung von Staus unterstützen oder erleichtern?

Frage 102
Welches Hauptziel hat die Verkehrsüberwachung?

Antwort 97
Sinn und Zweck der Verkehrsregelung und der Verkehrsüberwachung ist es, für einen reibungslosen und sicheren Verkehrsablauf zu sorgen und damit Unfälle und sonstige Betriebsstörungen zu vermeiden.

Antwort 98
Eine Verkehrsregelung kann erforderlich sein
- an den Toren bei Schichtwechsel,
- an Unfall- und Engstellen,
- an Baustellen.

Antwort 99
Wenn der Sicherheitsdienst, z.B. im Rahmen der Verkehrsregelung, Zeichen und Weisungen erteilt, gilt § 36 StVO sinngemäß. Darin heißt es, dass Zeichen und Weisungen ausreichend, rechtzeitig und eindeutig erteilt werden müssen.

Antwort 100
Als persönliche Ausrüstungsgegenstände bei der Verkehrsregelung sind sinnvoll:
- Ein Blinklichtgürtel,
- reflektierende Kleidung und
- ein beleuchtbarer Anhaltestab.

Antwort 101
Solche organisatorischen Maßnahmen können sein:
- eine flexible Gleitzeitregelung,
- ein rollierendes Parkplatzbelegungssystem für einzelne Abteilungen,
- die zeitlich begrenzte Öffnung zusätzlicher Tore.

Antwort 102
Durch die Verkehrsüberwachung soll gewährleistet werden, dass die betrieblichen Verkehrsvorschriften beachtet werden, damit ein reibungsloser und schadensfreier Verkehrsablauf stattfinden kann und Unfälle möglichst ausgeschlossen werden.

Frage 103

Auf welche Punkte sollte der Sicherheitsdienst im Rahmen einer Parkplatzkontrolle achten?

Frage 104

Durch welche Einzelmaßnahmen kann der Unternehmer seiner gesetzlichen Pflicht zur Verkehrssicherung nachkommen?

Frage 105

Welche wesentlichen Anforderungen müssen an Verkehrswege gestellt werden, damit sie gefahrlos benutzt werden können?

Frage 106

Was wird bei Fahrzeugen hinsichtlich ihrer Verkehrssicherheit durch den Sicherheitsdienst kontrolliert?

Antwort 103

Im Rahmen einer Parkplatzkontrolle sollte der Sicherheitsdienst darauf achten, dass

- einfahrende Fahrzeuge eine gültige Einfahr- bzw. Parkerlaubnis haben,
- nur die zugewiesenen Parkplätze benutzt werden,
- die vorhandenen Parkplatzmarkierungen beachtet werden,
- keine Gefahrenquellen oder Gefahrenstellen vorhanden sind,
- die Fahrzeuge in einem erkennbar verkehrssicheren Zustand sind.

Antwort 104

Einzelmaßnahmen zur Verkehrssicherung können z. B. sein:

- Die Kontrolle der Verkehrsflächen auf Gefahrenquellen und Gefahrenstellen,
- das Aufstellen von Verkehrszeichen und das Erlassen von Verkehrsvorschriften,
- die Kontrolle von Fahrzeugen auf Verkehrssicherheit,
- die ordnungsgemäße Kennzeichnung von Gefahrguttransporten bzw. deren Kontrolle,
- die Hilfestellung des Werkschutzes für Fahrer ausfahrender Fahrzeuge bei Sichtbehinderung.

Antwort 105

Verkehrswege müssen

- breit genug sein,
- freigehalten werden,
- beleuchtet sein.

Antwort 106

Bei Fahrzeugen wird durch den Sicherheitsdienst kontrolliert:

- Die Ladung (sie darf nicht verbotswidrig überstehen, verrutschen oder herunterfallen können),
- der äußerlich erkennbare technische Zustand des Fahrzeuges hinsichtlich Verkehrssicherheit (z. B. Reifen, Beleuchtung etc.).

Frage 107
Was gehört zu den Verkehrsanlagen?

Frage 108
Welche Gesetze, Verordnungen und sonstige Vorschriften haben für den Verkehrsdienst Bedeutung? (Es ist nicht notwendig, einzelne Paragraphen zu nennen.)

Frage 109
In welchen Fällen sollte der Sicherheitsdienst bei einem Verkehrsunfall auf dem Betriebsgelände die Polizei einschalten?

Frage 110
Was sind die Aufgaben des Sicherheitsdienstes bei der Aufnahme eines Verkehrsunfalls?

Antwort 107

Zu den Verkehrsanlagen gehören:
- Verkehrsflächen,
- Verkehrswege,
- Rettungswege,
- Fahrtreppen und -steige,
- Verkehrsmittel.

Antwort 108

Für den Verkehrsdienst haben unter anderem folgende Vorschriften Bedeutung:
- Bürgerliches Gesetzbuch (BGB),
- Straßenverkehrsgesetz (StVG),
- Straßenverkehrs-Ordnung (StVO),
- Straßenverkehrs-Zulassungsordnung (StVZO),
- Fahrzeug-Zulassungsverordnung (FZV),
- Gewerbeordnung (GewO),
- Arbeitsstättenverordnung (ArbstättV),
- Berufsgenossenschaftliche Vorschriften für Sicherheit und Gesundheit bei der Arbeit (BGV) sind Unfallverhütungsvorschriften im Sinne des § 15 SGB VII (Unfallversicherung).

Antwort 109

Der Sicherheitsdienst sollte bei einem Verkehrsunfall auf dem Betriebsgelände die Polizei einschalten, wenn
- dabei Personen verletzt oder getötet wurden,
- dies von einem der Unfallbeteiligten gewünscht wird.

Antwort 110

Die Aufgaben des Sicherheitsdienstes bei der Aufnahme eines Verkehrsunfalls sind:
- Absichern der Unfallstelle,
- Erste Hilfe leisten,
- Anfertigen von Fotos,
- Sichern von Spuren,
- Feststellen und Befragen von Unfallbeteiligten und Zeugen,
- Vermessen der Unfallstelle,
- Erstellen eines Unfallberichts.

Frage 111
Welche wesentlichen Angaben muss ein Unfallbericht enthalten?

Frage 112
Welche Anlagen sollten einem Verkehrsunfallbericht beigefügt werden?

Frage 113
Was sollten Fotos aussagen, die Sie einem Unfallbericht beifügen?

Frage 114
Welche Fotos fertigen Sie deshalb an?

Frage 115
Auf welchen Bereich beschränkt sich die „örtliche Zuständigkeit“ des Sicherheitsdienstes bei der „Verkehrsregelung“?

Antwort 111

Ein Unfallbericht muss folgende wesentlichen Angaben enthalten:
- Personalien der Unfallbeteiligten und Zeugen,
- Beschreibung der Unfallstelle und Angaben zu den Witterungsverhältnissen,
- Schilderung des Unfallhergangs nach Angaben der Beteiligten und nach Angaben der Zeugen,
- Aufzählung und Beschreibung der Spuren,
- Angaben über die Unfallfolgen (getrennt nach Personen- und Sachschäden),
- Angaben über getroffene Maßnahmen,
- Angaben darüber, ob die Polizei eingeschaltet wurde.

Antwort 112

Einem Verkehrsunfallbericht sollten eine Unfallskizze und eine Bildmappe (Fotos) beigefügt werden.

Antwort 113

Da solche Fotos in erster Linie „orts- u. sachunkundigen Personen" (z. B. einem Sachverständigen oder Richter) vorgelegt werden, sollten daraus folgende Aussagen entnommen werden können:
- Wie hat sich die Unfallsituation aus der Sicht der Unfallbeteiligten und Zeugen dargestellt?
- Wie sieht es am Unfallort aus?
- Welcher Art und von welchem Ausmaß sind die Schäden?

Antwort 114

Es werden folgende Fotos von einer Unfallstelle angefertigt:
- Übersichtsaufnahmen aus Augenhöhe in Fahrtrichtung der Unfallbeteiligten,
- Aufnahmen aus der Sicht (Standort) der Zeugen,
- Gesamtübersicht über die Unfallstelle; soweit möglich aus der Vogelperspektive,
- Detailaufnahmen (Nahaufnahmen) von Schäden und Spuren.

Antwort 115

Die „örtliche Zuständigkeit" des Sicherheitsdienstes bei der Verkehrsregelung beschränkt sich auf den „nichtöffentlichen Verkehrsbereich" auf dem Betriebsgelände.

Frage 116

Nennen Sie bitte ein Beispiel, wie der Sicherheitsdienst Verkehrssicherungsmaßnahmen durchführen kann.

Frage 117

Ein wesentliches Mittel zur Verkehrssicherung ist das Aufstellen von Verkehrszeichen. Wie kann der Unternehmer sicherstellen, dass Verkehrszeichen diese wichtige Aufgabe jederzeit erfüllen?

Frage 118

Wo können Verkehrswege im Betrieb liegen?

Frage 119

Welche besonderen Sicherheitsanforderungen werden an Fahrtreppen und Fahrsteige gestellt?

Frage 120

Zu den Verkehrsmitteln zählen auch Gleisfahrzeuge. Welche besondere Rechtsvorschrift kann für sie gelten?

Antwort 116

Der Sicherheitsdienst kann beispielsweise für die Durchführung des Räum- und Streudienstes sorgen (oder ihn selbst durchführen) oder durch Meldung an die zuständige Stelle veranlassen, dass Schlaglöcher ausgebessert werden. In diesem Fall müsste er bis zur Ausbesserung für eine ausreichende Absperrung sorgen.

Antwort 117

Der Unternehmer kann selbst oder durch Beauftragte (z. B. den Sicherheitsdienst) Kontrollen, z. B. in Form von Verkehrsbegehungen, durchführen bzw. durchführen lassen. Dabei müssen Verkehrszeichen auf ihren Zustand überprüft werden. Außerdem sollte auch überprüft werden, ob die Verkehrszeichen noch zweckmäßig, richtig angebracht und noch erforderlich sind. Missstände müssen unverzüglich beseitigt werden.

Antwort 118

Verkehrswege können auf dem Betriebsgelände im Freien oder in Gebäuden liegen.

Antwort 119

Neben der Forderung nach sicherer Benutzungsmöglichkeit wird zusätzlich gefordert, dass diese Einrichtungen im Gefahrenfall leicht stillgelegt werden können und dass die Notabschalteeinrichtungen für Benutzer und Dritte gut erkennbar und leicht zugänglich sind.

Antwort 120

Für den Betrieb von Gleisfahrzeugen können die Vorschriften der Eisenbahnbau- und Betriebsordnung gelten.

Frage 121
Die Beförderung gefährlicher Güter im Straßenverkehr richtet sich nach der „Gefahrgutverordnung Straße, Eisenbahn und Binnenschifffahrt GGVSEB“. Diese Verordnung legt u. a. Sicherheitspflichten für alle an der Beförderung gefährlicher Güter „beteiligten“ Personen fest (§ 4 GGVSEB). Wer gilt im Sinne dieser Vorschrift als „beteiligte“ Person?

Frage 122
Welche besonderen Maßnahmen sollten bei Unfällen von Gefahrguttransporten durch den Werkschutz getroffen werden?

Frage 123
Nennen Sie bitte zwei Beispiele für „öffentliche“ Verkehrsflächen.

Antwort 121

Als „beteiligte“ Person gelten:

- der *Beförderer* (wer das Fahrzeug verwendet),
- der *Absender* (wer mit dem Beförderer einen Beförderungsvertrag abschließt);
- der *Verlader* (wer als unmittelbarer Besitzer das Gut dem Beförderer zur Beförderung übergibt oder selbst befördert),
- der *Fahrzeugführer* (wer das Fahrzeug lenkt),
- die *beauftragte Person* (wer vom Unternehmer mit der eigenverantwortlichen Durchführung von Aufgaben nach den Gefahrgutvorschriften beauftragt ist).

Antwort 122

Bei Unfällen von Gefahrguttransporten sollten zusätzlich zu den „üblichen“ Maßnahmen am Unfallort folgende besonderen Maßnahmen getroffen werden:

- Gefahrenzone absperren und andere Personen fernhalten,
- Unfallmerkblätter entnehmen, soweit möglich eigene Maßnahmen daraus ableiten und für Fachkräfte aufbewahren,
- umstehende/Anwohner/Anlieger warnen,
- tiefliegende Zonen (z. B. Kanäle oder Gullys) sichern,
- Rauchverbote durchsetzen,
- Feuerwehr und Spezialdienste verständigen,
- sich selbst nicht unnötig lange in der Gefahrenzone aufhalten.

Antwort 123

Als „öffentliche“ Verkehrsfläche gelten:

- Parkhäuser oder Tiefgaragen, die jedermann – auch trotz Gebührenpflicht – offenstehen,
- Parkplätze eines Einkaufszentrums,
- Tankstellen (soweit öffentlich),
- Parkplätze an Gaststätten (auch wenn ein Schild die Benutzung nur für Gäste gestattet).

Frage 124
Nennen Sie bitte zwei Beispiele für „nichtöffentliche" Verkehrsflächen.

3.4 Ermittlungsdienst

Grundkenntnisse der Kriminalistik, Verhalten am Tatort, Befragungstechnik und -taktik sowie Meldungs- und Berichtswesen

Frage 125
Im Rahmen einer Ermittlung wurde ein bestimmter Mitarbeiter des Betriebes als dringend tatverdächtig festgestellt, fortgesetzt Unterschlagungen und Diebstähle begangen zu haben.
Sie sollen eine Befragung des Tatverdächtigen durchführen.
a) Wie bereiten Sie sich auf eine Befragung vor?
b) Wie führen Sie eine Befragung durch?
c) Wie bereiten Sie die Befragung nach?

Frage 126
Auf welchen zwei anerkannten Grundlagen beruht die Beweiskraft der „Daktyloskopie" (Fingerabdruck-Verfahren)?

Antwort 124

Als „nichtöffentliche" Verkehrsflächen können gelten:

- Tiefgaragen mit fest vermieteten Stellplätzen und Zufahrt nur für Berechtigte (z. B. mittels Schlüssel oder Codekarte),
- Firmenparkplatz, der nur Berechtigten zugänglich ist und dessen Zufahrt durch Personen oder Technik (z. B. Ausweisleser mit Schranke) kontrolliert wird.

Antwort 125

a) Ich verschaffe mir genaue Kenntnisse aller in dem Fall vorliegenden Spuren und aller bisherigen Ermittlungsergebnisse.
Ich führe, wenn erforderlich, eine Tatortbesichtigung durch.
Ich beschaffe mir alle erreichbaren Informationen über die Person des Tatverdächtigen und seines Umfelds.
Ich reserviere mir einen ruhigen Raum, wo die Befragung ohne Störung von außen durchgeführt werden kann, und halte dort die zur Dokumentation erforderlichen Hilfsmittel vor.

b) Ich belehre den Tatverdächtigen über den Gegenstand der Befragung und hole seine Einwilligung dazu ein.
Ich befrage den Tatverdächtigen zum Sachverhalt und beachte dabei auch insbesondere seine „Körpersprache".
Das Ergebnis halte ich in einer Befragungsniederschrift fest, die ich vom Befragten unterzeichnen lasse.

c) Je nach Ergebnis der Befragung sind unter Umständen weitere Veranlassungen (wie z. B. Spind- und/oder Wohnungsnachschau) zu treffen und ein Bericht an die Personalabteilung zu fertigen.
Die festgestellte Vorgehensweise des Täters ist zu analysieren und in Vorschläge für Präventivmaßnahmen umzusetzen.

Antwort 126

Die Papillarlinienbilder der Finger sind von Geburt bis zum Tod eines Menschen unveränderbar.
Jeder Mensch hat andere Papillarlinienbilder.

Frage 127

In einem bestimmten Umkleideraum des Produktionsbereiches Ihres Betriebes werden seit geraumer Zeit immer wieder Diebstähle verübt. Zur Ausführung der Tat hebelt der Täter die Spinde von Mitarbeitern auf oder schneidet die Bügel der dort angebrachten Vorhängeschlösser durch. Im Wesentlichen entwendet der Täter Bargeldbeträge und sonstige Wertsachen (z. B. Uhren).

a) Welche Spuren könnten an diesen Tatorten zu finden sein?

b) Beschreiben Sie die Möglichkeiten der Tätermittlung in diesem Fall.

Frage 128

Bei Seriendiebstählen in Betrieben werden zur Ermittlung des Täters häufig sogenannte „Diebesfallen“ verwendet.

a) Welche Voraussetzungen zum erfolgreichen Einsatz einer Diebesfalle müssen gegeben sein?

b) Welche Arten von Diebesfallen gibt es?

c) Welche chemischen Fangstoffe sind am sinnvollsten zu verwenden und was ist bei deren Einsatz zu beachten?

Antwort 127

a) Es könnten folgende Spuren an diesen Tatorten zu finden sein:
   - Ab- und Eindruckspuren von Einbruchwerkzeugen,
   - Abformungen von Einbruchwerkzeugen,
   - Kneifspuren, die beim Durchtrennen der Vorhängeschlösser entstanden sind,
   - Fingerabdruckspuren.

b) Als Möglichkeiten der Täterermittlung bieten sich an:
   - Spurenauswertung und Ermittlung,
   - Legen einer Diebesfalle mittels technischer Mittel oder chemischer Fangstoffe.

Antwort 128

a) Die Vorgehensweise des Täters muss gleichartig sein, d.h. es muss sich um Serienstraftaten handeln.
   Die Falle muss so angelegt sein, dass beim Einsatz von Fangstoffen nur der Täter mit diesem Fangstoff in Berührung kommen kann.
   Der Personenkreis, der als Täter in Frage kommen kann, muss feststehend oder stark einzuengen sein (nicht bei Foto- und Beobachtungsfallen).
   Die Vorgehensweise des Ermittlers muss streng vertraulich sein.

b) Chemische Fangstoffe, Fotofallen, mechanische und elektrische Fallen, Beobachtungsfallen (z.B. Videoüberwachung), Spurenfallen.

c) Silbernitrat, Fuchsin, Eosin, Rodamin, Methylviolett, Phenolphtalein, fluoreszierende Stoffe.
   Fangstoffe dürfen im vorgesehenen Einsatzbereich nicht im Rahmen der Produktion oder anderweitig Verwendung finden.
   Die Diebesfalle muss regelmäßig durch die gleiche Person kontrolliert werden.
   Es muss die Möglichkeit zur unverzüglichen Überprüfung der in Frage kommenden Personen bestehen.

Frage 129

Im Rahmen der Spurensuche bei einem Einbruch finden Sie vor einem Fenster, durch das der Täter vermutlich eingestiegen ist, einen gut geformten Schuheindruck.

a) Wie sichern Sie diese Spur?

b) Welche Auswertemöglichkeiten ergeben sich aus der gesicherten Spur?

Frage 130

Sie werden zu einem Arbeitsunfall mit einer verletzten Person gerufen. Am Unfallort angekommen, stellen Sie fest, dass ein offensichtlich Verletzter am Fuß einer Leiter liegt, die zur Bühne des dort befindlichen Laufkranes führt. Es bemühen sich mehrere Personen um den Verletzten. Die bereits alarmierten betrieblichen Rettungskräfte sowie der Werkarzt sind noch nicht am Unfallort.

a) Beschreiben Sie Ihr sinnvolles Vorgehen am Unfallort unter besonderer Berücksichtigung der Ermittlung der Unfallursache.

b) Welche Stellen des Betriebs sind über den Notfall zu informieren?

Frage 131

Was ist eine Tatortbefundaufnahme?

Antwort 129

a) Die Schuheindruckspur sichere ich wie folgt:
   - Fotografieren mit daneben gelegtem Maßstab zum Größenvergleich,
   - Fremdgegenstände vorsichtig aus der Spur entfernen,
   - Form um die Spur legen, z. B. Weißblechrahmen,
   - Form mit etwas Gips ausgießen,
   - etwas Draht zur Stabilisierung einlegen,
   - Form ganz mit Gips ausgießen und härten lassen,
   - Spur aus der Form entnehmen und reinigen,
   - Gipsabguss eindeutig kennzeichnen.

b) Feststellungen allgemeiner Art wie z. B. Schuhgröße, Sohlenprofil; Vergleichsmöglichkeit mit Schuhen eines Tatverdächtigen; bei individuellen Merkmalen wie z. B. einseitig abgelaufenem Absatz, Loch in der Sohle etc. Nachweis, dass sich jemand mit diesen Schuhen am Tatort befunden hat.

Antwort 130

a) – Wenn erforderlich, Mitarbeiter bei der Ersten Hilfe unterstützen,
   - wenn möglich, Lage des Verletzten markieren, wobei jedoch die Erste-Hilfe-Leistung Vorrang hat,
   - Unfallort räumen bzw. absperren,
   - eventuelle Spuren feststellen und vor Zerstörung schützen,
   - eventuelle Zeugen feststellen und befragen,
   - Meldung fertigen.

b) Zu benachrichtigen sind:
   - Unternehmensleitung,
   - Fachkraft für Arbeitssicherheit,
   - Leiter des Sicherheitsdienstes,
   - Betriebsrat,
   - Personalabteilung.

Antwort 131

Die Tatortbefundaufnahme ist die lückenlose Beschreibung des Tatortes in seinem gegenwärtigen Zustand. Sie ist gegebenenfalls durch Fotografien und Skizzen zu ergänzen.

Frage 132

Was bedeuten die Begriffe
a) objektiver Tatortbefund
b) subjektiver Tatortbefund?

Frage 133

Was sind die im Wesentlichen zu beachtenden Punkte beim „Ersten Angriff" an einem Tatort?

Frage 134

Welche Vorbereitungen können getroffen werden, um im Falle der Entwendung wertvoller Gegenstände die Sachfahndung der Polizei zu unterstützen und eine Identifizierung der Gegenstände zu ermöglichen bzw. zu erleichtern?

Frage 135

Was ist bei einer fotografischen Dokumentation des Tatortes zu berücksichtigen?

Frage 136

Über welche technische Ausrüstung sollte der Ermittlungsdienst des Werkschutzes verfügen?

Antwort 132

a) Der objektive Tatortbefund ergibt sich aus den am oder in unmittelbarer Nähe eines Tatortes vorgefundenen Spuren wie z. B. Kampfspuren, Kontaktspuren, Anhaftungen bei Tätern und Opfern und sonstige Sachbeweise.
b) Der subjektive Tatortbefund sind die Folgerungen, nicht Vermutungen, aus dem objektiven Tatbestand und die Aussagen von Zeugen, Tatverdächtigen usw.

Antwort 133

Der Tatort ist in seinem gegenwärtigen Zustand zu belassen. Es dürfen keine Spuren zerstört oder verändert werden; ebenso dürfen keine eigenen Spuren hinzugefügt werden. Unvermeidbare Veränderungen und/oder eigene Spuren sind eindeutig als solche zu kennzeichnen.

Antwort 134

Es wird ein Verzeichnis (z. B. Inventarverzeichnis) der Gegenstände angelegt mit den entsprechenden Hersteller-, Service-, Serien- oder Gerätenummern. Bei besonders wertvollen Gegenständen sollte eine Fotografie gefertigt werden. Die Gegenstände können individuell und unsichtbar gekennzeichnet werden (z. B. mit fluoreszierender Farbe oder Ähnlichem).

Antwort 135

Grundsatz: Es wird immer von der Übersichtsaufnahme in das Detail gearbeitet. Im Einzelnen bedeutet das:
- Übersichtsaufnahmen,
- Detailaufnahmen der Spuren, aus denen der Zusammenhang zum Gesamtgeschehen deutlich wird,
- Aufnahme einzelner Spuren.

Antwort 136

Der Ermittlungsdienst des Werkschutzes sollte, um wirkungsvoll arbeiten zu können, über folgende technische Ausrüstung verfügen:
- Kameraausrüstung,
- Spurensicherungsgerät,
- Diebesfallenbesteck,
- Zeichengerät,
- sonstige Dokumentationsmittel.

■ **Frage 137**

Was sind wesentliche persönliche Voraussetzungen für eine Tätigkeit im Ermittlungsdienst des Werkschutzes?

■ **Frage 138**

Mit welcher Sicherungsmethode können die nachfolgenden Spuren gesichert werden?

a) Fingerspuren
b) Werkzeugspuren
c) Blutspuren
d) Schuh- und Reifenspuren
e) Lackspuren

Antwort 137

Wesentliche persönliche Voraussetzungen für eine Tätigkeit im Ermittlungsdienst des Werkschutzes sind:

- Einfühlungsvermögen und Kontaktfreudigkeit gegenüber Mitarbeitern, Fremdfirmenangehörigen sowie internen und externen Kontaktpersonen,
- schnelle Auffassungsgabe,
- analytische Fähigkeiten,
- selbstständiges Arbeiten,
- genaue Gesetzeskenntnisse,
- kriminaltechnische und kriminaltaktische Kenntnisse,
- Ortskenntnisse im Betrieb, in gefährdeten Bereichen und deren Sicherheitseinrichtungen,
- Kenntnis über Sicherheitsschwachstellen, Wege und Versteckmöglichkeiten,
- Kenntnisse über
- Mitarbeiterstruktur,
- Mitarbeiter, die zu vertraulichem Material Zugang haben, Mitarbeiter mit besonderen Befugnissen (übergeordnete Schlüssel etc.),
- betriebliche Organisation.

Antwort 138

a) Mit Kontrastmittel den Spurenträger sichtbar machen (z. B. mit Argentorat, Rußpulver, Kampfer, Magnabrush – nur bei nichtmetallischem Spurenträger –, Jod bei Papier) und mit Kontrastfolie sichern. Beschriftung und Kennzeichnung der abgenommenen Spur.
b) Fotografisch, mit Abformmasse und/oder im Original.
c) Im Original oder fotografisch.
d) Fotografisch, Abformen mit Gips, eventuell mit Folie abnehmen (eventuell bei Substanzübertragung, wie Staub etc.).
e) Fotografisch, zeichnerisch oder im Original.

■ **Frage 139**

Wie ist eine Nachschau durchzuführen?

■ **Frage 140**

Im Rahmen der Torkontrolle werden bei einem Mitarbeiter im Kofferraum seines Fahrzeuges Elektrowerkzeug und verschiedene Messgeräte gefunden. Es besteht der dringende Verdacht, dass es sich dabei um Eigentum des Betriebs handelt. Sie erhalten die entsprechende Meldung des Sicherheitsdienstes zur weiteren Bearbeitung.
Schildern Sie die erforderliche Vorgehensweise zur Ermittlung der Herkunft der in Verwahrung genommenen Gegenstände.

Antwort 139
Die Nachschau ist grundsätzlich nur mit Zustimmung des Betroffenen (möglichst schriftlich) zulässig.
Wird die erteilte Zustimmung widerrufen, muss die Nachschau abgebrochen werden. Eine gewaltsame Nachschau ist in keinem Fall zulässig. Die Nachschau ist aus Gründen der eigenen Sicherheit und aus Beweissicherungsgründen durch mindestens zwei Personen durchzuführen.
Wird im Verlauf der Nachschau betriebliches Eigentum festgestellt, so kann es in Verwahrung genommen werden.
Über die aufgefundenen Gegenstände ist eine Aufstellung zu fertigen, die von zwei Personen, möglichst auch vom Betroffenen, unterzeichnet werden sollte.
Dem Betroffenen ist eine Ausfertigung der Aufstellung zu übergeben.

Antwort 140
Feststellung typischer Daten der Geräte wie z. B. Typ, Herstellungs- oder Seriennummer und Prüfung, ob individuelle Merkmale, eventuell auch betriebliche Kennzeichnungen, angebracht sind.
Gezielte Nachfrage bei Werkzeugausgaben und sonstigen Materialausgaben des Betriebes.
Überprüfung von Inventurverzeichnissen.
Führen diese Maßnahmen nicht zum Erfolg, dann sind die betrieblichen Stellen festzustellen, wo Werkzeuge und Messgeräte der aufgefundenen Art zum Einsatz kommen. Bei diesen Stellen sind entsprechende Nachfragen zu führen.

Frage 141

Eine Streife bemerkt Produkte aus der Fertigung des Betriebs, die sich in Zaunnähe in einem Versteck befinden. Offensichtlich sind die Gegenstände entwendet und zur Abholung dort bereitgelegt worden. Schildern Sie die erforderliche Vorgehensweise zur möglichen Feststellung des Täters und des weiteren Sachverhalts.

Frage 142

Als Mitarbeiter des Ermittlungsdienstes wird Ihnen die Entwendung eines Notebooks gemeldet. Die Tatzeit liegt nur ca. 30 Minuten zurück. Es ist kurz vor Feierabend.
Welche Schritte unternehmen Sie bzw. was veranlassen Sie?

Frage 143

Was ist ein weiterer Schwerpunkt neben der eigentlichen Täterermittlung?

Frage 144

Was ist ein Beweis?

Antwort 141

Das Versteck wird durch Mitarbeiter des Ermittlungsdienstes observiert. Der Sicherheitsdienst wird über die Observation informiert und stellt Mitarbeiter für einen eventuellen Zugriff in der Nähe bereit. Vorsorglich erfolgt die Benachrichtigung der Polizei, um eventuell eine Täterverfolgung im öffentlichen Bereich vornehmen zu können. Bei Abholung der Gegenstände durch den oder die Täter erfolgt der Zugriff.

Der oder die Täter sind eingehend zu befragen. Dabei ist festzustellen, woher die aufgefundenen Gegenstände stammen. Feststellung, wie die Gegenstände entwendet wurden und ob dabei noch weitere Helfer beteiligt waren.

Haben die gleichen Täter schon vorher Diebstähle ausgeführt?

Wie sollten die entwendeten Gegenstände verwertet werden bzw. was geschah mit eventuell schon früher entwendeten Gegenständen?

Wer ist eventuell Abnehmer bzw. wer vertreibt die Gegenstände?

Über die gewonnenen Erkenntnisse ist ein umfassender Bericht zu fertigen.

Die gewonnenen Erkenntnisse sind zu analysieren und in ein Präventivkonzept bzw. in Präventivmaßnahmen einzubringen.

Antwort 142

Ich verständige alle Tore und fordere die Sicherheitskräfte auf, ausfahrende Fahrzeuge lückenlos zu kontrollieren, Mitarbeiter, die größere Gepäckstücke ausführen, ebenfalls einer Kontrolle zu unterziehen und dem Ermittlungsdienst beim Fund eines Notebooks Meldung zu erstatten.

Ich begebe mich zum Geschädigten und verschaffe mir entsprechende Angaben zu dem Notebook und über den Tathergang.

Der Sicherheitsdienst wird über die Daten des Notebooks informiert.

Antwort 143

Neben der eigentlichen Ermittlung des Täters ist es vor allem wichtig, die tatfördernden Umstände, d.h. den genauen Tathergang und die Vorgehensweise des Täters, zu ermitteln und festzustellen, welche Umstände ihm die Tat besonders erleichtert haben. Diese Erkenntnisse können dann gezielt in Präventivmaßnahmen einfließen bzw. es können entsprechende Präventivmaßnahmen empfohlen werden.

Antwort 144

Beweis ist alles, was durch die Tat entstanden ist, verändert oder vom Täter am Tatort zurückgelassen wurde und was über Tat oder Täter aussagefähig ist.

Frage 145
Nennen Sie einige Beispiele für mechanische oder elektrische Fallen.

Frage 146
Definieren Sie bitte den Begriff „Tatort“!

Frage 147
Zählen Sie mindestens zehn mögliche Tatortspuren (Spurenbeispiele) auf.

Frage 148
Erläutern Sie den Begriff „vorgetäuschte Spur.

Frage 149
Erläutern Sie den Begriff „falsche Spur.

Frage 150
Was kann mit der Anbringung einer Foto-/Videofalle evtl. erreicht werden?

Frage 151
Was ist beim Anbringen von Foto- oder Videofallen zu beachten?

Antwort 145
Tür- und Fensterkontakte mit Alarmauslösungen an beliebiger Stelle, Lichtschranken, Mikrophone, Stromunterbrechung an Uhren zur Feststellung der genauen Tatzeit.

Antwort 146
Tatort ist der Ereignisort, an dem eine mit Strafe bedrohte oder eine kriminalistisch bedeutsame Handlung begonnen, fortgesetzt oder beendet wurde.

Antwort 147
Reifenabdruck-, Werkzeug-, Fußabdruck-, Finger-, Blut-, Lack-, Schmauch-, Brandspuren, zurückgelassene Gegenstände, Körperausscheidungen, Passstücke, Schriftstücke, Anhaftungen, Kampfspuren, Schussspuren.

Antwort 148
Dies ist eine vom Täter gelegte Spur, die zur Täuschung/Irreführung der Ermittler gelegt wurde.

Antwort 149
Falsch ist eine Spur dann, wenn sie am Tatort vorgefunden, aber nicht vom Täter verursacht wurde, der Ermittler sie jedoch dem Täter zuordnet.

Antwort 150
Mit ihrer Hilfe ist es möglich, die Anwesenheit des Täters am Tatort nachzuweisen, ihn bei der Tatausführung im Bild festzuhalten oder ihn bei seiner Arbeit zu überraschen.

Antwort 151
- Foto-/Videofallen sollten zur besseren Tarnung in unauffällige Behältnisse, z. B. Aktentaschen, Aktenordner, Schränke vormontiert werden,
- evtl. erforderliche Verkabelung/Auslösemechanismus ist getrennt anzubringen,
- keine Benutzung von Blitzgeräten oder Kunstlicht,
- Kamera/Videogerät soll vor Zerstörung durch den Täter geschützt sein.

Frage 152
Wie kann eine Foto-/Videofalle zur Auslösung gebracht werden?

Frage 153
Mit welcher Art der Videoüberwachung kann auf die Bereitstellung von Interventionskräften und auf einen kurzfristigen bzw. umgehenden Zugriff fast völlig verzichtet werden?

Frage 154
Was ist vor der Anbringung von Foto-/Videofallen in rechtlicher Hinsicht zu beachten?

Frage 155
Schildern Sie den Aufbau einer passiven Akustikfalle.

Frage 156
Zu welchem Zweck können elektronische Plomben eingesetzt werden? Schildern Sie das Funktionsprinzip einer elektronischen Plombe.

Frage 157
Welche Ziele umfasst die Ermittlungstätigkeit des Ermittlungsdienstes?

Antwort 152

- Reedkontakt/Fernauslöser,
- IR-Fernauslöser,
- akustischer Fernauslöser,
- Zeitintervallausschaltungen,
- Koppelung mit Meldern einer EMA.

Antwort 153

Videofalle mit Aufzeichnung auf einem digitalen Aufzeichnungsgerät (z. B. PC über Festplatte o. Ä.), mit dem alle Vorgänge im Überwachungsbereich über einen langen Zeitraum aufgezeichnet werden können.

Antwort 154

Sie unterliegen der Mitbestimmung des Betriebsrates.

Antwort 155

Die passive Akustikfalle besteht aus einem hochempfindlichen Mikrofon und einer Übertragungseinrichtung (Draht oder Funk). Die Geräusche, die ein Täter bei der Tatausführung verursacht, werden zu in der Nähe postierten Interventionskräften übertragen, die dann den Zugriff vornehmen.

Antwort 156

- Überwachung und Eingrenzung von Tatzeiträumen.
- Die elektronische Plombe erzeugt beim Schließen automatisch eine Plombiernummer. Datum und Uhrzeit werden dieser Nummer zugeordnet. Wird das System wieder geöffnet, werden auch diese Daten der Plombiernummer zugeordnet.

Antwort 157

- Aufklärung von Straftaten, Ordnungsverstößen und Schadensfällen mit Körper-/Sachschäden im Betrieb,
- Feststellung tatfördernder Umstände,
- Entwicklung/Durchführung von Präventivmaßnahmen zum Eigentumsschutz.

Frage 158
Was sind die wesentlichen Voraussetzungen für eine erfolgreiche Ermittlungstätigkeit?

Frage 159
Was verstehen Sie unter dem Begriff „materielle Spuren“?

Frage 160
Nennen Sie mindestens zwei Beispiele für nichtmaterielle Spuren.

Frage 161
Was sind Trugspuren?

Frage 162
Schildern Sie den Unterschied zwischen einem „Augenzeugen“ und einem sog. „Knallzeugen“.

Antwort 158

- Fundierte kriminaltechnische und -taktische Kenntnisse,
- sichere Rechts- und Vorschriftenkenntnisse,
- Einfühlungsvermögen und schnelle Auffassungsgabe,
- Kenntnisse über die betriebliche Organisation, Regeln und Strukturen,
- gute Ortskenntnisse,
- sicheres Wissen über den Einsatz von Hilfsmitteln und deren Einsatzgrenzen.

Antwort 159

Materielle Spuren sind Veränderungen, die im Zusammenhang mit einem Ereignis entstanden sind und die zur Tataufklärung beitragen können. Solche Spuren können sein:

- Fingerspuren,
- Fußspuren,
- Werkzeugspuren,
- Fahrzeugspuren,
- Farbspuren,
- Kratzspuren.

Antwort 160

- Zeugenaussagen zur Tat,
- Aussagen zu möglichen Tatzusammenhängen,
- Verhalten von Tatverdächtigen.

Antwort 161

Trugspuren sind Spuren am Tatort, die in keinem Zusammenhang zur Tat stehen. Sie können zu falschen Schlüssen führen und müssen im Zuge der Ermittlungen ausgeschieden werden.

Antwort 162

Augenzeugen berichten das selbst erlebte Geschehen, während „Knallzeugen" erst nach Ablauf des Ereignisses hinschauen und zunächst rekonstruieren, wie sich der Vorgang abgespielt haben könnte, und dies berichten.

Teil II
Gefahrenabwehr sowie Einsatz von Schutz- und Sicherheitstechnik

von Josef **Fritsch,** Trainer und Sicherheitsberater, vormals Arbeitssicherheit und Personalentwicklung Wacker-Chemie GmbH, München, und Bartholomäus **Sailer,** Dipl.-Verwaltungswirt, Corporate Security der Siemens AG, München

1. 3 Fallbeispiele mit Lösungsvorschlägen

1.1 Sicherungsplanung eines Elektroniklagers

Sachverhalt:

Sie sind Sicherheitskraft in einem Unternehmen der Elektronikbranche. Im Zuge von Erweiterungsmaßnahmen plant Ihre Firma die Errichtung eines neuen Bauteilelagers.

Dieses freistehende Gebäude ist für die Aufnahme von hochwertigen Computerbauteilen vorgesehen und soll auf dem Nachbargrundstück errichtet werden. Vor der Errichtung muss bereits ein Sicherheitskonzept geplant werden. Diese Aufgabe wird Ihnen von dem Leiter des Sicherheitsdienstes übertragen. Die Sicherungstechnik soll dem modernsten Stand entsprechen.

Aufgabe:

Es soll verhindert werden, dass unbefugte Personen in das Werksgelände und in das Lagergebäude eindringen.

Vorüberlegungen:

Nach sorgfältigem Studium des Aufgabentextes wird der Bearbeiter zunächst gedanklich eine Bedrohungs- und Risikoanalyse erstellen und wie nachfolgend aufgeführt kurz skizzieren:

- In dem Lager sollen hochwertige Computerbauteile gelagert werden. Da diese Teile wertvoll sind und auf dem weitverbreiteten Computermarkt stets Absatz finden, ist das Entwendungsrisiko sehr hoch. Diese Risikobedrohung verlangt hochwertige Schutzvorkehrungen.
- Folgende technische Möglichkeiten zur Sicherung des Objektes ergeben sich:
  - Errichtung eines Zaunsystems,
  - Sicherung des Zauns gegen Übersteigen, Durchdringen, Untergraben,
  - Ausleuchtung des Außengeländes,
  - Kameraüberwachung des Vorgeländes,
  - Freilandsicherungssysteme,
  - mechanische und elektronische Außenhautsicherung,
  - massives Mauerwerk,
  - einbruchhemmende Tür,

- Prüfung der Frage: Fenster ja/nein,
  wenn ja, dann durchbruchhemmende Verglasung,
- Lüftungs-, Klima- und Lichtschächte mechanisch und elektronisch sichern,
- Rolltore, Lichtkuppeln und Gebäudeleitern sichern,
- direkte Beleuchtung des Gebäudes von außen,
- Raumüberwachung,
- Meldesystem,
- Alarmauslösung,
- Alarmverfolgung.

Lösungsvorschlag:

Folgendes ist in der Planungphase zum Schutz des Werksgeländes festzulegen:

- Welches Gelände soll eingefriedet werden?
- Wie ist der Zaunverlauf (möglichst geradlinig)?
- Art und Höhe der Einfriedung (Mauer, Maschendrahtzaun, Drahtgitterzaun, Stahlgitterzaun, Stahlprofilzaun, Streckmetallzaun),
- Zaunkrone (Y-Ausleger und S-Draht),
- Zugang auf das Werksgelände mittels überwachtem Rolltor für Lkw und Drehtür für Personaldurchgang (Zugangskontrollsystem als technische Lösung, wenn personell nicht disponiert wird),
- Ausleuchtung der Einfriedung und des Vorfeldes mit Halogen-Lichtflutern, soweit zulässig auch außerhalb,
- elektronische Überwachung der Einfriedung
  - Fernsehüberwachung mit automatischer Bildauswertung,
  - Freigeländeüberwachungsanlagen (Zaunmelder, Bodenmelder, Mikrowellenrichtstrecken, Infrarotlichtschranken).

Zum Schutz des Lagergebäudes sind in technischer Hinsicht folgende Vorkehrungen zu treffen:

- Massives Bauwerk (z. B. Betonkonstruktion),
- Einbruchhemmende Tür,
- Sicherheitsbeschläge,
- Schließzylinder mit Bohrschutz,
- bei Verglasung Widerstandsklasse P8B (hohe Einbruchhemmung);
- Sicherheitsmaßnahmen an Fenstern,
  - soweit erforderlich Widerstandsklasse P8B einbauen (durchbruchhemmende Verglasung),
  - elektronische Sicherungsmaßnahmen (Alarmdrahtglas, Glasbruchmelder, Reedkontakte);

- Lüftungs-, Klima- und Lichtschächte sind mit Gitter mechanisch und mit Fadenzugkontakten bzw. Infrarotschranken zu sichern,
- Rolltore sind durch Verriegelungsstangen, Lichtkuppeln durch Innengitter und Gebäudeleitern durch Übersteigsicherungen zu schützen (elektronische Sicherung – wie Fenster),
- Eine Direktbeleuchtung der Außenhaut sollte zusätzlich von einem Passiv-Infrarot-Bewegungsmelder gesteuert erfolgen,
- Überwachung der Lagerflächen in Kombination oder Abhängigkeit voneinander:
  - Mikrowellen-Bewegungsmelder,
  - Ultraschall-Bewegungsmelder,
  - Infrarot-Bewegungsmelder,
  - Infrarot-Schranken,
- Meldelinien
  - zweckmäßige Primärschleifenbildung anhand des Bauplanes,
  - Sabotagemeldelinie vorsehen,
- Meldezentrale und Alarmauswertung, in der Meldezentrale wird der Alarm detektiert.

Folgende Möglichkeiten der Alarmgebung bieten sich an:
- offener optischer und akustischer Alarm,
- stiller Alarm mit Weiterleitung an eine hilfeleistende Stelle (z.B. Automatisches Wähl- und Ansagegerät),
- als Scharfschalteinrichtung bietet sich die Installation eines Blockschlosses mit Zwangsschaltung an,
- die gegen Sabotage mittels Ruhestrom überwachte Alarmanlage wird mit einer Notstromversorgung (Batterie oder Notstromaggregat) ausgerüstet,
- eine Alarmverfolgung kann sowohl von der Sicherheitszentrale selbst als auch von einem technischen Leitstand (Notrufzentrale) eines Dienstleisters aus erfolgen.

1.2 Verkehrsbegehung

Sachverhalt:

In der nächsten Zeit soll im Werk eine Verkehrsbegehung stattfinden. Dabei sollen die werksinternen Straßen und Parkflächen auf ihre Verkehrssicherheit hin überprüft werden. Der Leiter des Sicherheitsdienstes beauftragt Sie, zu überlegen, was bei dieser Begehung überprüft werden sollte.

Aufgabe:

Was müsste Ihrer Meinung nach alles überprüft werden, damit die Verkehrsbegehung ihren Zweck erfüllt?

Vorüberlegungen:

Der Bearbeiter überlegt, welchen Sinn eine Verkehrsbegehung hat, und kommt zu dem Ergebnis, dass sie der Aufdeckung von Mängeln dient, die die Sicherheit des werksinternen Verkehrs (Fahrzeuge und Fußgänger) beeinträchtigen können.

Des Weiteren ruft sich der Bearbeiter ins Gedächtnis, dass eine der zahlreichen Pflichten des Unternehmers die Pflicht zur Verkehrssicherung ist. Eine Vernachlässigung dieser Pflicht könnte im Schadensfall zu strafrechtlichen wie auch haftungsrechtlichen Konsequenzen für den Unternehmer führen. Am deutlichsten wird dies am Beispiel der Räum- und Streupflicht im Winter, die auch im privaten Bereich eine große Rolle spielt.

Einen allgemeinen Überblick über das, was verlangt wird, gibt Ziffer 1.8 Anhang der ArbStättV:
„(1) Verkehrswege, einschließlich Treppen, fest angebrachte Steigleitern und Laderampen müssen so angelegt und bemessen sein, dass sie je nach ihrem Bestimmungszweck leicht und sicher begangen oder befahren werden können und in der Nähe Beschäftigte nicht gefährdet werden.
(2) Die Bemessung der Verkehrswege, die dem Personenverkehr, Güterverkehr oder Personen- und Güterverkehr dienen, muss sich nach der Anzahl der möglichen Benutzer und der Art des Betriebes richten.
(3) Werden Transportmittel auf Verkehrswegen eingesetzt, muss für Fußgänger ein ausreichender Sicherheitsabstand gewahrt werden.
(4) Verkehrswege für Fahrzeuge müssen an Türen und Toren, Durchgängen, Fußgängerwegen und Treppenaustritten in ausreichendem Abstand vorbeiführen.
(5) Soweit Nutzung und Einrichtung der Räume es zum Schutz der Beschäftigten erfordern, müssen die Begrenzungen der Verkehrswege gekennzeichnet sein.
(6) Besondere Anforderungen gelten für Fluchtwege (Ziffer 2.3).“

Ausgehend von Ziffer 1.8 Anhang der ArbStättV stellt sich der Bearbeiter die Frage, welche einzelnen Maßnahmen getroffen werden können, um dieser Pflicht in der Praxis nachzukommen. Die Beantwortung dieser Frage muss letztendlich auch zur Antwort auf die Frage führen, was alles überprüft werden muss.

Der Unternehmer muss folgende Maßnahmen zur Verkehrssicherung treffen:

1. Er muss ausreichend Verkehrsflächen für den Verkehr bereitstellen, um den anfallenden Verkehr abzuwickeln.
2. Er muss diese Verkehrsflächen im erforderlichen Maße ausbauen und ausstatten (z. B. Befestigung, Belag, Beleuchtung, Begrenzungspfosten etc.).
3. Er muss die Verkehrsflächen hinsichtlich ihres baulichen Zustands und ihrer Ausstattung in Stand halten (z. B. durch Ausbessern von Schäden am Belag, Austauschen defekter Beleuchtungskörper etc.).
4. Er muss Verkehrsregeln schaffen und Verkehrszeichen aufstellen sowie Fahrbahnmarkierungen anbringen. Üblicherweise werden dazu die Regeln und Zeichen der StVO entsprechend angewandt, da diese Vorschriften jedem Verkehrsteilnehmer ohnehin bekannt sind.
5. Er muss die Verkehrssicherheit von Fahrzeugen, die das Werksgelände befahren, kontrollieren.
6. Er muss vor allem Gefahrguttransporte hinsichtlich des Ladeguts und der damit verbundenen Kennzeichnungspflicht kontrollieren.
7. Soweit von Fahrzeugen, die aus dem Werksgelände auf öffentlichen Verkehrsgrund einfahren, Gefahren ausgehen, muss er dafür sorgen – meist durch den Sicherheitsdienst –, dass hierbei Hilfestellung geleistet wird (z. B. durch Einweisen dieser Fahrzeuge bzw. Warnen der anderen Verkehrsteilnehmer).
8. Auftretende Mängel hinsichtlich der vorgenannten Maßnahmen müssen rechtzeitig erkannt und beseitigt werden.

Am Ende dieser Vorüberlegungen ruft sich der Bearbeiter ins Gedächtnis, dass im Sachverhalt nur davon die Rede ist, dass Straßen und Parkflächen kontrolliert werden sollen. Alle Maßnahmen nach den Ziffern 5–7 sind somit für die Beantwortung der Klausurfrage nicht von Bedeutung.

Für die Punkte nach den Ziffern 1–4 und 8 überlegt der Bearbeiter, welche Mängel auftreten können, und kommt damit zur Antwort auf die Frage „was alles überprüft werden muss“.

Lösungsvorschlag:

Die Verkehrsbegehung kann ihren Zweck nur erfüllen, wenn möglichst alle die Verkehrssicherheit beeinträchtigenden Umstände festgestellt werden. Um dies zu ermöglichen, werden folgende Punkte zur Überprüfung vorgeschlagen:

Im Rahmen der Vorbereitung der Verkehrsbegehung sollte man
- bisher vorliegende Mängelberichte auswerten, eventuell das Protokoll der letzten Verkehrsbegehung heranziehen,
- die Unfallstatistik auf Unfallschwerpunkte und Häufung von Unfallarten auswerten,
- Straßen, Wege und Parkflächen wie im normalen Verkehrsgeschehen üblich abgehen bzw. abfahren.

Bei der *Verkehrsbegehung selbst* muss überprüft werden,
- ob ausreichend Verkehrsflächen vorhanden sind oder ob (als Indiz für das Gegenteil)
  - es immer wieder zu Stauungen oder
  - ordnungswidrig geparkten Fahrzeugen (weil Parkflächen nicht ausreichen) kommt,
- ob die Verkehrsflächen ausreichend ausgebaut und ausgestattet sind, z. B.
  - ob die Beleuchtung ausreicht (auch bei Dunkelheit prüfen),
  - ob die baulichen Abtrennungen (z. B. Randsteine, Leitpfosten, Leitbügel) zwischen Gehwegen und Fahrbahnen ausreichend sind,
- ob der bauliche Zustand der Verkehrsflächen und die Ausstattung intakt sind oder ob es
  - Beschädigungen (z. B. Schlaglöcher) oder
  - Verunreinigungen (z. B. Ölflecken, Sand, Steine) oder
  - Unebenheiten (z. B. durch ausgebesserte Schadstellen) gibt,
  - ob die Ausstattung falsch angebracht oder beschädigt ist,
- ob die aufgestellten Verkehrszeichen sowie die Fahrbahnmarkierungen
  - ausreichen,
  - für den Verkehrsteilnehmer sichtbar sind,
  - entsprechend den Verkehrsregeln und den Verkehrsabläufen richtig angebracht sind.

Die vorgenannten Punkte können nur dann wirkungsvoll überprüft werden, wenn die Begehung
- unter realistischen Bedingungen,
- aus der Sicht der Verkehrsteilnehmer und
- anhand der tatsächlichen Verkehrsabläufe und -bedingungen durchgeführt wird (Zeitwahl).

Dies bedeutet, dass tatsächlich
- Probefahrten und
- Probegänge

bei verschiedenen
- Verkehrsverhältnissen (z. B. Stoßzeiten) und

- Witterungs und Beleuchtungsverhältnissen (z.B. Regen, Nebel, Schneefall, Nacht)

durchgeführt werden müssen.

Damit bei Mängeln rechtzeitig und sinnvoll gehandelt werden kann, meist auch durch den Sicherheitsdienst, muss abschließend kontrolliert werden, ob

- Geräte (Schaufel, Besen),
- Mittel (Streusand, Ölbindemittel) und
- Absperrgeräte (Leitkegel, Absperrbalken und Absperrschranken sowie Flatterleinen)

ausreichend vorhanden sind.

1.3 Vorbeugender Brandschutz

Sachverhalt:

Der vorbeugende Brandschutz ist im Betrieb eine unabdingbare Voraussetzung für die Sicherheit. An vielen Stellen bestehen und bei vielen Arbeiten entstehen Brandgefahren.

Aufgabe:

Beschreiben Sie ausführlich alle Einrichtungen baulicher Art und alle organisatorischen Maßnahmen, die den Anforderungen des vorbeugenden Brandschutzes dienen.

Denken Sie dabei aber auch an die Maßnahmen, die durch hinweisende Sicherheitstechnik in bestimmten Fällen anzuwenden sind, damit die Kontrollaufgaben durch den Sicherheitsdienst erfüllt werden können.

Vorüberlegungen:

In den Fragen der Aufgabe stecken bereits eine Menge von Hinweisen für die Antwort. Lesen Sie die Aufgabe bitte mehrere Male durch und unterstreichen Sie die wesentlichen Begriffe und schreiben Sie Stichpunkte, die Ihnen beim Durchlesen des Textes einfallen, sofort auf.

Sie finden Hinweise für eine Gliederung der Aufgabe und wesentliche Punkte für den Inhalt. Es sind die Begriffe „baulich“ und „organisatorisch“. Ebenso finden Sie einen Stichpunkt für die Antwortfindung, nämlich „hinweisende Sicherheitstechnik“.

Damit ergibt sich für den Aufbau der Aufgabe eine Gliederung des vorbeugenden Brandschutzes in

- baulicher Brandschutz und
- organisatorischer Brandschutz.

Fertigen Sie sich nunmehr eine Stichwortliste unter den beiden Gesichtspunkten. Bevor Sie an die Ausarbeitung gehen, sortieren Sie die gefundenen Stichpunkte nach sachlichen Kriterien.

Lösungsvorschlag:

Dem vorbeugenden Brandschutz dienen folgende Einrichtungen baulicher Art (a) und folgende organisatorische Maßnahmen (b).

a) Baulicher Brandschutz
   - Es sollen weitgehend nichtbrennbare Baustoffe verwendet werden.
   - Es sind Brandabschnitte durch Brandwände zu bilden.
   - Es sind feuerbeständige Treppenräume einzurichten.
   - Türen und Tore in Brandwänden und feuerbeständigen Wänden müssen feuerbeständig sein, in manchen Fällen benötigen sie automatische Entriegelungseinrichtungen, sogenannte Rauchschalter.
   - Es sind automatische Brandmeldeanlagen einzurichten.
   - Es sind stationäre Feuerlöschanlagen einzurichten wie z. B.:
     - Sprinkleranlagen,
     - Sprühwasserlöschanlagen,
     - CO_2-Feuerlöschanlagen,
     - Schutzgasfeuerlöschanlagen.
   - Bei Durchbrüchen in Decken und Wänden sind feuerwiderstandsfähige Abschlüsse vorzusehen.
   - Es sind in ausreichendem Umfang Löschwasserleitungen und Hydranten auf dem Gelände einzurichten.
   - Es sind in den Gebäuden Wandhydranten einzurichten und Feuerlöscher bereitzustellen.
   - Es sind Druckknopffeuermelder am und im Gebäude vorzusehen.
   - Es sind Notausgänge, Notausstiege und Notleitern einzurichten.
   - Für Gaszuleitungen sind Hauptsperreinrichtungen außerhalb des Gebäudes einzurichten.

b) Organisatorischer Brandschutz
   - Es ist eine Brandschutzordnung aufzustellen.
   - Die Brandschutzordnung muss als Maßnahmen enthalten:
     - Melden,

  - Retten,
  - Bekämpfen,
  - Notrufnummern des Betriebes und der öffentlichen Hilfeleistungsstellen.
- Regeln über das Verhalten bei Gefahr:
  - Alarmieren,
  - Retten,
  - Brand bekämpfen,
  - Fahrstuhl nicht benützen,
  - Treppen benützen,
  - Fluchtwege benützen,
  - Versehrten helfen,
  - wichtige Geräte und Dokumente sichern,
  - nach Räumung Sammelplatz aufsuchen und Vollzähligkeit feststellen.
- Kennzeichnung von Rohrleitungen nach dem Durchflussstoff:

• Grün	Wasser
• Rot	Wasserdampf
• Grau	Luft
• Gelb oder Gelb mit Zusatzfarbe Rot	brennbare Gase
• Gelb mit Zusatzfarbe Schwarz oder Schwarz	nichtbrennbare Gase
• Orange	Säuren
• Violett	Laugen
• Braun oder Braun mit Zusatzfarbe Rot	brennbare Flüssigkeiten
• Braun mit Zusatzfarbe Schwarz oder Schwarz	nichtbrennbare Flüssigkeiten
• Blau	Sauerstoff

- Erlass von Rauchverboten für Bereiche mit hoher Wertkonzentration oder Anhäufung brennbarer Stoffe.
- Sicherheitskennzeichnung:
  Verbotsschilder – rund/Kontrastrand und Diagonalstrich rot, Untergrund weiß, Symbol und Beschriftung schwarz,
  Warnschilder – gleichseitiges Dreieck, Spitze nach oben/Untergrund gelb, Symbol und Kontrastrand schwarz,
  Zusatzschilder – rechteckig/Farbgebung je nachdem, mit welchem Schild zusammen es angebracht wird,

Schilder für Rettung und Erste Hilfe – rechteckig/Untergrund grün, Beschriftung und Symbol weiß,
Gebotsschilder – rund/Untergrund blau, Symbol und Beschriftung weiß,
Hinweisschilder – rechteckig/Untergrund blau, Beschriftung weiß.

- Regelungen bei der Durchführung von Schweißarbeiten:
  - Beistellen einer Sicherheitsaufsicht,
  - Kontrolle nach Abschluss der Arbeit.
- Einrichten von Kontrollrunden für den Sicherheitsdienst.

2. 128 Prüfungsfragen mit Antworten

2.1 Sicherungseinrichtungen

Alarmanlagen, verschiedene Meldesysteme bei Feuer, Einbruch, Notruf, Funktionsweise von Videoüberwachung und anderen Beobachtungseinrichtungen

- **Frage 1**
  Welche Elemente mechanischer Sicherungseinrichtungen kennen Sie?

- **Frage 2**
  Welche Personenvereinzelungsanlagen kennen Sie?

- **Frage 3**
  Aus welchen einzelnen Elementen besteht eine einbruchhemmende Türe?

- **Frage 4**
  Nennen Sie die unterschiedlichen Begriffe für angriffhemmende Verglasung.

Antwort 1

- Zäune, Mauern,
- Türen, Tore, Schranken,
- Rollläden, Gitter,
- Stahlschränke, Panzerschränke,
- angriffshemmende Verglasung,
- Schlösser, Riegel, Beschläge.

Antwort 2

- Drehkreuze,
- Drehtüren,
- Drehschleusen.

Antwort 3

- Zarge einschl. Befestigungsmittel;
- Türblatt,
- Türbänder,
- Türschlösser,
- Beschlag,
- Türschließer,
- Weitwinkelspion,
- Zubehör (Dichtungsmittel).

Antwort 4

- durchwurfhemmend,
- durchbruchhemmend,
- durchschusshemmend,
- sprengwirkungshemmend.

Frage 5
Wann gilt eine Sicherheitsverglasung als durchwurfhemmend?

Frage 6
Welche Arten von Schließanlagen sind Ihnen bekannt?

Frage 7
Bei einer GHS-(Generalhauptgruppenschlüssel)Anlage gibt es Untergruppen. Welche sind das?

Frage 8
Vor welchen Angriffsarten sollten Panzergeldschränke Schutz bieten?

Frage 9
Erklären Sie den Begriff „Gefahrenmeldeanlagen.

Frage 10
Nennen Sie drei Möglichkeiten von Scharfschalteeinrichtungen für GMA.

Frage 11
Welche Arten von Brandmeldern kennen Sie?

Frage 12
Erklären Sie ein Prinzip von Wärmemeldern.

Antwort 5

Wenn das *Durchdringen* von *geworfenen* oder geschleuderten Gegenständen verhindert wird.

Antwort 6

- Hauptschlüsselanlage,
- Generalhauptschlüsselanlage,
- Zentralschlossanlage,
- kombinierte Hauptschlüssel-Zentralschlossanlage.

Antwort 7

- GHS-Generalhauptgruppenschlüssel,
- HGS-Hauptgruppenschlüssel,
- GS-Gruppenschlüssel,
- ES-Einzelschlüssel.

Antwort 8

- Mechanischen Einbruchwerkzeugen,
- thermischen Einbruchwerkzeugen,
- Schutz gegen Brände.

Antwort 9

GMA sind *Fernmeldeanlagen* zum sicheren *Melden* von Gefahren für Leben und Sachwerte.

Antwort 10

- Blockschloss,
- Riegelschaltschloss,
- Kastenschloss,
- elektr. Codierschalter.

Antwort 11

- Rauchmelder (Ionisationsrauchmelder),
- Streulichtmelder,
- Flammenmelder,
- Wärmemelder.

Antwort 12

- Maximalmelder – Auslösung bei best. Temperatur,
- Differentialmelder – Auslösung Temperaturanstieg/Zeit.

Frage 13
Neben Alarmgabe können von Brandmeldeanlagen auch automatische Steuerungen im Alarmfall ausgelöst werden. Nennen Sie vier verschiedene Möglichkeiten.

Frage 14
Was kann durch Brandmeldesysteme (automatisch) ausgelöst bzw. in Gang gesetzt werden?

Frage 15
Wozu dient eine Brandmeldeanlage?

Frage 16
Wie funktioniert ein Ionisationsrauchmelder und was bewirkt er?

Frage 17
Wie arbeiten optische Melder?

Frage 18
Nennen Sie drei Arten von automatischen Feuermeldern (Branddetektoren).

Antwort 13

- Abschalten von Klima- und Belüftungsanlagen,
- Abschalten von Maschinen (Aufzüge),
- Schließen von Rauchabzugsklappen,
- Inbetriebsetzung von Löschanlagen.

Antwort 14

Durch Brandmeldesysteme kann automatisch ausgelöst bzw. in Gang gesetzt werden:

- Alarm in der Zentrale,
- Feuerschutztüren (in Brandwänden) und/oder Brandschutzklappen werden entriegelt (geschlossen),
- Rauch- und Wärmeabzugsvorrichtungen (RWA) werden geöffnet,
- Feuerlöschanlagen (Feuerlöscheinrichtungen) werden angesteuert (in Gang gesetzt).

Antwort 15

Sie soll einen Brand frühzeitig (in der Entstehungsphase) erkennen und Alarm auslösen.

Antwort 16

Der in die Messkammer des Ionisationsmelders eindringende Rauch wird erkannt (ermöglicht die Auswertung) und löst Alarm aus.

Antwort 17

Je nach Meldertyp wird die von den Flammen ausgehende Infrarot-Strahlung (IR-Strahlung) oder die Ultraviolett-Strahlung (UV-Strahlung) erkannt und wird Alarm ausgelöst.

Antwort 18

- Brandrauch-Detektoren:
- optische Streulichtmelder,
- Ionisationsfeuermelder,
- thermische Melder (Thermomelder):
- Thermomaximalmelder,
- Thermodifferenzialmelder,
- optische Flammenmelder:
- Infrarot-Flammenmelder,
- Ultraviolett-Flammenmelder.

Frage 19
Wozu dient eine Einbruchmeldeanlage?

Frage 20
Welche Möglichkeiten zum Scharfstellen von Einbruchmeldeanlagen kennen Sie?

Frage 21
Nennen Sie fünf Systeme (Meldertyp, Detektorsystem), die für die Freilandüberwachung eingesetzt werden können.

Frage 22
Was heißt „Scharfstellung“ bei diesen Geräten?

Frage 23
Welche Arten von Kontaktüberwachung gibt es bei den Einbruchmeldeanlagen?

Frage 24
Wie arbeiten Brandrauch-Detektoren (Rauchmelder)?

Frage 25
Wie arbeiten thermische Melder?

Antwort 19
Eine Einbruchmeldeanlage dient dazu, Eindringversuche frühzeitig zu melden.

Antwort 20
Ich kenne folgende Möglichkeiten zum Scharfstellen von Einbruchmeldeanlagen:
- elektromechanische Scharfschalteinrichtung/Blockschloss/IT-Schloss,
- Zahlenkombinationsschloss,
- Tastcodierungen,
- Sperrzeitschaltuhr.

Antwort 21
Folgende Systeme können für die Freilandüberwachung eingesetzt werden:
- Bodenmelder,
- Zaunmelder,
- Spanndrahtmelder,
- Mikrowellen-Richtstrecke,
- Radar-Richtstrecke,
- IR-Lichtschranken,
- Elektrostatisches Feld.

Antwort 22
Die Anlage wird in Tätigkeit gesetzt oder die Anlage wird funktionsfähig geschaltet.

Antwort 23
Zur Kontaktüberwachung bei Einbruchmeldeanlagen gibt es Magnetkontakte und Schließblechkontakte.

Antwort 24
In den Detektor (Melder) eindringende Rauchpartikel werden erkannt und lösen den Alarm aus.

Antwort 25
Schneller Temperaturanstieg (Zunahme der Temperatur in einer bestimmten Zeit) und/oder eine Maximaltemperatur (bestimmter hoher Temperaturwert) werden erkannt und lösen Alarm aus.

Frage 26
Nennen Sie zehn Arten von Einbruchmeldern.
Anmerkung: Die Musterlösung enthält 16 Arten.

Frage 27
Wo werden zur Überwachung Magnetkontakte eingesetzt?

Frage 28
Welche Arten von Notrufanlagen kennen Sie?

Frage 29
Welche Funktion (Aufgabe) hat der Überfallmelder?

Frage 30
Nennen Sie die bekanntesten Beobachtungseinrichtungen und Dokumentationsmittel.

Frage 31
Woraus besteht eine Videoüberwachungsanlage?

Antwort 26

- Magnetkontakt,
- Schließblechkontakt,
- Erschütterungsmelder (Vibrationsmelder),
- Glasbruchmelder,
- Alarmdrahteinlage in Verbundglas,
- Alarmdrahttapete,
- Körperschallmelder,
- Schrankenüberwachung (Infrarot-Lichtschranke, Ultraschallschranke, Radarschranke),
- Ultraschallbewegungsmelder,
- Mikrowellen-Bewegungsmelder,
- Passiv-Infrarot-Bewegungsmelder,
- Bodenmelder,
- Zaunmelder,
- Spanndrahtmelder,
- Mikrowellen-Richtstrecke,
- Radar-Richtstrecke.

Antwort 27

Magnetkontakte werden hauptsächlich an Türen und Fenstern eingesetzt.

Antwort 28

- Überfallmelder (Druckknopfmelder, Kontaktschiene),
- Notruftelefon (automatische Telefonwählgeräte mit Textkonserve).

Antwort 29

Er soll einer hilfeleistenden Stelle, mit der er durch eine Direktleitung verbunden ist, eine Gefahrensituation für Menschen (z. B. Überfall) anzeigen.

Antwort 30

Die bekanntesten Beobachtungseinrichtungen und Dokumentationsmittel sind:

- Videoüberwachungsanlagen,
- Ferngläser,
- Spiegel,
- Foto-Dokumentation.

Antwort 31

Eine Videoüberwachungsanlage besteht aus folgenden Bestandteilen:

- Videokamera,
- Bildschirm,
- Bildsignal-Auswertegerät mit Alarmanzeige,
- Verbindungskabel,
- Bildspeicher.

■ **Frage 32**
Welche Rolle spielt die Foto-Dokumentation?

2.2 Funktionsweise und Anwendung von Funkgeräten

Feststation, Handfunksprechgeräte, Fahrzeugfunkgeräte und Rufanlagen

■ **Frage 33**
Sie haben mit Ihrem Handfunksprechgerät einen schlechten Empfang. Was könnte die Ursache dafür sein?

■ **Frage 34**
Wovon ist die Leistung eines Funkgerätes im Wesentlichen abhängig?

■ **Frage 35**
Welche eigensichernden Zusatzgeräte für Funkgeräte gibt es?

■ **Frage 36**
Wodurch werden die häufigsten Störungen durch äußere Einflüsse im Funkverkehr hervorgerufen?

Antwort 32
Die Foto-Dokumentation dient in der Hauptsache zur Sicherung von Tatbeständen und Beweismitteln und damit der Bestätigung oder Entkräftung eines Tatverdachts.

Antwort 33
- Ich befinde mich im „Funkschattenbereich“,
- schlechter Ladezustand des NC-Akkus,
- technischer Defekt am Handfunksprechgerät,
- Antenne beschädigt.

Antwort 34
- Sendeleistung in Watt (W),
- Empfängerempfindlichkeit in Mikrovolt (mV),
- Zustand der Stromversorgung,
- Höhe der Antenne über der Umgebung,
- optimale Anpassung der Antenne an die Frequenz.

Antwort 35
- Notruftaste,
- lageabhängiger Notrufschalter („Totmannschalter“),
- Bewegungsschalter (lageabhängig),
- Personen- und Objektsicherungssystem POS (zyklische Abfrage),
- Funkstechuhr (FSU).

Antwort 36
- Topografische Verhältnisse,
- dichte Bebauung,
- laufende Maschinen, die nicht funkentstört sind,
- Hochspannungsleitungen,
- Überreichweiten anderer Funkverkehrskreise,
- Witterungsverhältnisse (z. B. Gewitter).

■ **Frage 37**
Welche Vorschriften sind für den Funksprechbetrieb beim Werkschutz bedeutsam?

■ **Frage 38**
In welcher Wellenlänge (Band) arbeiten die Funkgeräte des Sicherheitsdienstes?

■ **Frage 39**
Was sagt Ihnen der Begriff Lambda 1/4 in Bezug auf eine Antenne für ein Funkgerät in der Wellenlänge 2 m?

■ **Frage 40**
Wozu dient die Rauschsperre am Funkgerät und wie funktioniert sie?

■ **Frage 41**
Was ist eine sogenannte „Totmannschaltung“ und wie funktioniert sie?

■ **Frage 42**
Welche Vorteile bietet der Selektivruf?

Antwort 37

- Das Telekommunikationsgesetz,
- Bestimmungen über das Errichten und Betreiben von Funkanlagen des beweglichen Betriebsfunks.

Antwort 38

2 m und 70 cm.

Antwort 39

Die Länge der Antenne entspricht einer tatsächlichen Länge von 50 cm, wobei die Baulänge durch „Wendeln“ des Antennendrahts oder elektronische Verstärkung kürzer (z. B. 12,5 cm) ist.

Antwort 40

Atmosphärische und andere Störungen des Funkverkehrs haben eine gewisse elektrische Energie. Um diese nicht wirksam werden zu lassen – d. h. im Lautsprecher nicht hörbar zu sein –, wird die Rauschsperre dazwischengeschaltet. Sie bewirkt, dass bei voll funktionierendem Gerät der Lautsprecher abgeschaltet ist, solange nicht eine bestimmte Ansprechschwelle der Trägerwelle vorhanden ist.

Antwort 41

Die „Totmannschaltung“ ist ein lageabhängiger Schalter, der bei Neigung von der Senkrechten in die Waagrechte nach Ansprechen eines Zeitverzögerungsschaltkreises (ca. 10 s) selbsttätig das Aussenden eines Notsignals zur Funkzentrale verursacht.

Antwort 42

- Gezielte Ansprache von bestimmten Teilnehmern im Funkverkehrskreis,
- andere Teilnehmer im Funkverkehrskreis hören nicht mit.

Frage 43
Welche Grundsätze sind bei der Gesprächsabwicklung mit einem Funkgerät zu beachten?

Frage 44
Welche Vorteile bieten Funkgeräte für die Arbeit des Sicherheitsdienstes?

Frage 45
Welche Arten von funktechnischen Hilfsmitteln gibt es?

Frage 46
Was versteht man unter dem Begriff „Funkschatten"?

Frage 47
Aus welchen Hauptbauteilen besteht ein Funkgerät?

Antwort 43

Der Sprechfunkverkehr ist so kurz wie möglich, aber so umfassend wie nötig abzuwickeln.

Folgende Grundsätze sind zu beachten:
- strenge Funkdisziplin halten,
- Höflichkeitsformeln unterlassen,
- deutlich und nicht zu schnell sprechen,
- nicht zu laut sprechen,
- Abkürzungen vermeiden,
- Zahlen unverwechselbar aussprechen,
- Personennamen und Amtsbezeichnungen nur in begründeten Fällen nennen,
- Eigennamen und schwer verständliche Worte gegebenenfalls buchstabieren,
- Teilnehmer mit „Sie" anreden.

Antwort 44
- Schneller Informationsaustausch,
- weitgehende örtliche Unabhängigkeit,
- durch Zusatzeinrichtungen Verbesserung der Eigensicherung.

Antwort 45
- Handfunksprechgeräte (HFG),
- Mobilgeräte,
- Feststationen,
- Personenrufanlagen (PRA),
- Funkalarmempfänger.

Antwort 46

Dies ist ein Bereich, in dem weder Empfang noch Senden möglich ist.

Antwort 47

Ein Funkgerät besteht aus folgenden Hauptbauteilen:
- Sender,
- Empfänger,
- Antenne,
- Stromversorgung,
- Gehäuse.

Frage 48
Wie oder durch was kann ein „Funkschattenbereich“ entstehen?

Frage 49
Würden Sie wichtige Ereignisse, Namen und vertraulich zu behandelnde Inhalte über Funk senden? Erklären Sie, wie Sie in dieser Situation handeln würden.

Frage 50
Schildern Sie die Eröffnung eines Funkgesprächs nach der Musterfunkordnung.

Frage 51
Funkwellen verhalten sich bei ihrer Ausbreitung ähnlich wie sichtbares Licht. Durch welche Einflüsse kann die Ausbreitung von Funkwellen beeinträchtigt werden?

Antwort 48

Ein „Funkschattenbereich" kann entstehen durch:
- Geländebeschaffenheit,
- dichte Bebauung,
- laufende Maschinen,
- dichten Bewuchs,
- Abschirmung im Innern von Gebäuden.

Antwort 49

Nein. Betriebsfunkfrequenzen sind nicht besonders gegen Abhören geschützt. Ich würde für sensible Informationen den Drahtweg bevorzugen. Die einzige Ausnahme bilden Fälle unmittelbarer Gefahr, bei denen der Zeitfaktor entscheidend ist.

Antwort 50

Der Sprechfunkverkehr wird durch Anruf eröffnet. Er besteht aus:
- Dem Rufnamen der Gegenstelle,
- dem eigenen Rufnamen,
- der Aufforderung „kommen" (z.B. S 8 von S 1 kommen).

Der Anruf ist sofort durch die Anrufantwort zu bestätigen. Sie besteht aus:
- Dem Wort „hier",
- dem eigenen Rufnamen,
- der Aufforderung „kommen" (z.B. hier S 8 kommen).

Antwort 51

Die Ausbreitung der Funkwellen kann durch folgende Einflüsse beeinträchtigt werden:
- Geländebeschaffenheit,
- Bebauung,
- Abschirmung in Gebäuden,
- laufende Maschinen,
- große metallische Flächen,
- Witterungseinflüsse,
- Hochspannungsleitungen.

Frage 52

Nachfolgend finden Sie die Schemazeichnungen einiger Funkverkehrsformen. Tragen Sie bitte jeweils die zutreffenden Bezeichnungen ein.

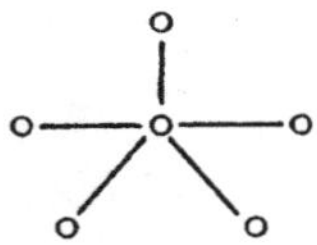

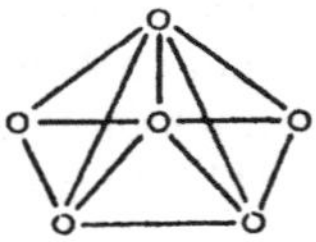

Frage 53

Was ist ein Quittungsrufempfänger (QRE)?

Frage 54

Schildern Sie, aus welchen Komponenten eine Funkstechuhr (FSU) besteht, und erläutern Sie kurz die Funktionsweise einer FSU.

Frage 55

Wozu dienen Personenrufanlagen (PRA)?

Antwort 52

Linienverkehr

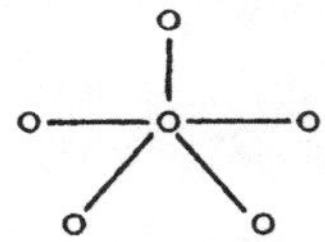

Sternverkehr

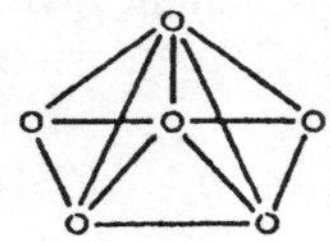

Kreisverkehr

Antwort 53

Ein Quittungsrufempfänger ist ein Zusatzgerät eines Mobilfunkgerätes, das der Fahrer bei Verlassen des Fahrzeugs bei sich trägt. Über den QRE wird der Quittungsruf des Mobilfunkgeräts wiedergegeben, so dass der Träger sofort über einen Anruf der Sicherheitszentrale unterrichtet ist. Der QRE hat jedoch nur eine begrenzte Reichweite.

Antwort 54

Die komplette Funkstechuhr besteht aus folgenden Komponenten:

1. Handfunksprechgerät (HFG) mit Zusatzausrüstung und einem speziellen Handbedienteil, das am Mann zu tragen ist.
2. Codierschlüssel in Schlüsselkästen an den jeweiligen Kontrollstellen.
3. Auswerteeinheit mit Anzeigefeld, Meldespeicher und Drucker.

Die Funkstechuhr funktioniert wie folgt:
Zum „Stechen“ wird der Codierschlüssel in die Leseeinrichtung am Handbedienteil eingeschoben und wieder herausgezogen bzw. ein am Funkgerät befindlicher Codierstecker in eine an der Kontrollstelle befindliche Steckdose eingesteckt. Dabei wird der Code eingelesen und zusammen mit dem Identitäts- und Routencode als Datentelegramm zur Zentrale gesendet. Dort wird ausgedruckt, welches Funkgerät zu welcher Uhrzeit welche Kontrollstelle betätigt hat.
In der Zentrale ist eingespeichert, mit welcher Route und in welchen Zeitabständen die Kontrollstellen zu betätigen sind. Bei Wege- und/oder Zeitfehlern wird ein Alarm ausgelöst.

Antwort 55

PRA dienen der schnellen Ansprache eines vom Arbeitsplatz oder Telefon entfernt tätigen Mitarbeiters.

Frage 56
Welchem Zweck dienen Funkalarmempfänger?

Frage 57
Sie übernehmen zu Schichtbeginn ein Handfunksprechgerät von einem Kollegen. In welcher Weise führen Sie die erforderliche Funktionsüberprüfung durch?

Frage 58
Welche Daten muss ein Funktagebuch im Wesentlichen enthalten?

Frage 59
Welche drei unterschiedlichen Kommunikationstechniken gibt es, um Sprache, Signale usw. zu übertragen?

Frage 60
Über welche Übertragungswege ist Kommunikation über größere Entfernung möglich?

Antwort 56

Funkalarmempfänger dienen der schnellen, eventuell auch gleichzeitigen Alarmierung von Mitarbeitern der Feuerwehr oder Notdienste. Meldeempfänger sind am Netz betriebene Batteriegeräte, die auch bei Netzausfall oder bei Betrieb ohne Netz eine Alarmierung sicherstellen.

Antwort 57

Die Funktionsprüfung eines HFG führe ich in folgender Weise durch:
- Sichtprüfung,
- Prüfung Ladezustand Stromversorgung,
- Sprechprobe,
- Funktionsprobe eventuell vorhandener eigensichernder Zusatzeinrichtungen.

Antwort 58

Ein Funktagebuch muss im Wesentlichen folgende Daten beinhalten:
- Datum,
- Uhrzeit,
- Rufname der Gegenstation,
- Kanal,
- Antenne (bei mehreren Feststationen),
- Text der Meldung oder Anfrage (Stichworte),
- Weitergabe an . . . Datum . . . Uhrzeit . . .,
- Erledigungsvermerk,
- Unterschrift des Funksprechers pro Blatt,
- Unterschrift des Schichtführers bei Schichtwechsel.

Antwort 59

Primärtechnik: Sprache, Zeichen, Gestik, Mimik. Sie ist nur für den unmittelbaren Dialog auf engstem Raum geeignet.
Sekundärtechnik: Schriften aller Art, optische und akustische Signale, um Kommunikation über größere Entfernungen zu übertragen.
Tertiärtechnik: elektrische und elektronische Kommunikationsmittel (z. B. Telefon, Funk).

Antwort 60

- Leitungsgebundene (drahtgebundene) Kommunikationswege,
- Richtungsgebundene Kommunikationswege (z. B. Richtfunkstrecken),
- Mobile Kommunikationswege (Funk).

Frage 61
Welche unterschiedlichen Kommunikationswege gibt es auf der Basis des TKG?

Frage 62
Welche Funkdienste existieren im Bereich des öffentlich mobilen Landfunkdienstes?

Frage 63
Zählen Sie mindestens fünf Kommunikationsmittel auf, die beim Sicherheitsdienst Anwendung finden.

Frage 64
Die Nutzung betrieblicher Datennetze für sicherheitstechnische Einrichtungen gewinnt immer mehr an Bedeutung. Hierbei werden häufig die Begriffe
a) Local Area Network (LAN)
b) Wide Area Network (WAN)
angewendet. Erläutern Sie bitte diese Begriffe.

Frage 65
Welche Vorteile bieten digitale Funknetze?

Antwort 61
- Funk für innerbetriebliche Zwecke/nichtöffentlicher beweglicher Landfunk (nöbL);
- Funk für allgemeine Dienste/öffentlich mobiler Landfunk,

Antwort 62
- Autotelefon-Netze und Mobiltelefone,
- Eurosignaldienst,
- Cityrufdienst,
- Betriebsfunk,
- Bündelfunknetze (Checker).

Antwort 63
- Telefone,
- Telefaxgeräte,
- Funkgeräte,
- Bildsprechanlagen,
- Fernwirktechnik,
- Datenübertragung in Datennetzwerken, bei Zutrittskontrollsystemen u. a.,
- Bildübertragung in Videoüberwachungsanlagen,
- ELA-Anlagen,
- Eurosignalempfänger,
- Mobiltelefone,
- Anrufbeantworter.

Antwort 64
LAN = Hausinterne Vernetzung der Arbeitsplatzrechner für einen schnellen betrieblichen Informationsaustausch,
WAN = Verbindung zu Rechnern außerhalb des Betriebs über eigene Netze.

Antwort 65
- Routine- oder Gerätekennungen lassen sich als Statusmeldungen übermitteln,
- Textdarstellung auf Anzeigedisplays,
- Alarmübertragung auf das Funkgerät durch Brand-/Einbruchmeldezentralen,
- Statusmeldungen im Bereich des Meldewesens.

Frage 66
Was ist der wesentliche Vorteil bei Gleichwellen-Funkanlagen?

Frage 67
Erläutern Sie bitte den generellen Aufbau eines Bündelfunknetzes.

Frage 68
Welche Leistungsmerkmale können mit Bündelfunknetzen realisiert werden?

Frage 69
Was ist der Cityrufdienst?

Frage 70
Welche drei Rufklassen können im Cityrufdienst unterschieden werden?

Antwort 66

Bei großflächigen Arealen, wo Diversity-Funkbetrieb erforderlich ist, können durch die Zentrale alle Sender im Versorgungsgebiet angesteuert werden, ohne dass es zu Beeinflussungen des Funkverkehrs in den Überlappungszonen kommt.
Beim normalen Funkverkehr müssen diese Sender nacheinander angesteuert werden.

Antwort 67

Den Teilnehmern am Bündelfunk wird ein Bündel von Funkkanälen zur Verfügung gestellt.
Eine aufwendige Technik (Trunking) bei der Betreibergesellschaft steuert den Verbindungsaufbau innerhalb der Netzstruktur schneller, als dies bei Betriebsfunk möglich ist.

Antwort 68

- Verhinderung des ungewollten und unerwünschten Mithörens,
- Selektiv- und Prioritätsruf,
- Gruppenruf,
- Rufumleitung und -weiterleitung,
- Quittungsruf,
- Notruf,
- Überleitung in private Nebenstellenanlagen und in das öffentliche Telefonnetz,
- Statusmeldung und Datenübertragung.

Antwort 69

Cityruf ist ein regionaler Funkrufdienst, bei dem Funkrufe an Einzelteilnehmer oder Sammelbzw. Gruppenrufe ausgesendet werden können.

Antwort 70

- Nur-Ton: Der Empfänger kann mit über bis zu vier Rufnummern angewählt werden,
- Numerik: Es können bis zu 15 Ziffern übermittelt und am Empfänger angezeigt werden,
- Alphanumerik: Mit einem speziellen Eingabegerät können Texte bis zu 256 Ziffern und Buchstaben übermittelt und am Empfänger angezeigt werden.

Frage 71
Welche rechtlichen Voraussetzungen sind beim Errichten und Betreiben von Betriebsfunkeinrichtungen zu beachten?

Frage 72
Was bedeutet das nachfolgend dargestellte Zulassungszeichen?

Quelle: Lehrbuch für den Werkschutz Seite 429

Frage 73
Nennen Sie die Hauptbestandteile einer betrieblichen Personenrufanlage (PRA).

Frage 74
In welcher Form bzw. auf welche Art können Informationen mittels PRA übermittelt werden?

Frage 75
Aus welchen wichtigen Komponenten besteht eine Betriebsfunkanlage?

Frage 76
Was ist der wesentliche Nachteil beim Betrieb einer Gemeinschaftsfrequenz?

Antwort 71

- Telekommunikationsgesetz (TKG),
- Bestimmungen über das Errichten und Betreiben von Funkanlagen des beweglichen Betriebsfunkes,
- öffentlicher mobiler Landfunkdienst.

Antwort 72

Dabei handelt es sich um Zulassungsnummern, die von Einrichtungen der Telecom wie der Bundesnetzagentur vergeben werden. Sie bestätigen, dass mit dem zugelassenen Gerät andere Elektro- und Funkgeräte nicht gestört bzw. beeinflusst werden.
Die Abbildung zeigt das neue Zulassungszeichen seit dem 10.03.1992.

Antwort 73

- Feststation mit Überleiteinrichtungen zur Telefonnebenstellenanlage,
- dezentrale Sender mit Antennen zur anreichenden Funkversorgung,
- Rufempfänger mit akustischer und/oder optischer Signalanzeige.

Antwort 74

- Tonsignale,
- numerische/alphanumerische Daten,
- Sprache.

Antwort 75

- Sende-/Empfangsanlage,
- Bediengerät evtl. Bedienplatz-Rechner,
- Antenne,
- Stromversorgungseinrichtung,
- div. Verbindungskabel,
- evtl. Wechselstromfernbedienung,
- ggf. Überleiteinrichtung zu Telefonnebenstellenanlage,
- ggf. Geräte zur Texteingabe.

Antwort 76

Unerwünschtes und ungewolltes Mithören des Funkverkehrs anderer Benutzer.

2.3 Zweck und Anwendung von verkehrstechnischen Geräten

Geräte und Anlagen zur Verkehrsregelung und Verkehrssicherung sowie Hilfsmittel zur Unfallaufnahme

Frage 77

Welche Verkehrszeichen (Sicherheitszeichen) werden zur innerbetrieblichen Verkehrsregelung verwendet?

Frage 78

Welche Arten von Verkehrszeichen werden zur Verkehrsregelung eingesetzt?

Frage 79

Welchen Zweck haben die Gefahrzeichen? Wo bzw. wann werden sie eingesetzt?

Antwort 77

Zur innerbetrieblichen Verkehrsregelung werden die im öffentlichen Straßenverkehr üblichen Verkehrszeichen verwendet, weil diese den Mitarbeitern ohnehin bekannt sind und die Verwendung anderer Zeichen, was theoretisch möglich wäre, nur zur Verwirrung und Unsicherheit führen würde.

Antwort 78

Zur Verkehrsregelung werden eingesetzt:
- Gefahrzeichen,
- Vorschriftzeichen,
- Richtzeichen.

Antwort 79

Gefahrzeichen mahnen den Verkehrsteilnehmer, sich auf die angekündigten Gefahren rechtzeitig einzustellen, und werden dort angebracht, wo es für die Verkehrssicherheit unbedingt erforderlich ist. So zum Beispiel:
- an unübersichtlichen Kurven,
- bei unebener Fahrbahn,
- bei Schleudergefahr,
- an Fahrbahnverengungen,
- an Gegenverkehrsstrecken,
- an Baustellen und
- Fußgängerüberwegen.

Frage 80
Welchen Zweck haben die Vorschriftzeichen und welche Schilder bzw. Einrichtungen gehören dazu?

Frage 81
Welchen Zweck haben die Richtzeichen und welche Schilder und Einrichtungen gehören dazu?

Frage 82
Was versteht man unter Verkehrseinrichtungen?

Frage 83
Was kann zur besseren Kenntlichmachung von Verkehrseinrichtungen zusätzlich mit eingesetzt werden?

Antwort 80

Vorschriftzeichen sollen einen ordnungsgemäßen Verkehrsablauf und der Unfallverhütung dienen. Zu den Vorschriftzeichen gehören folgende Schilder und Einrichtungen:

- Warte- und Haltegebote an Kreuzungen, Einmündungen und Übergängen,
- Geschwindigkeitsbeschränkungen,
- Hinweis für vorgeschriebene Fahrtrichtung,
- Vorrang für den Gegenverkehr,
- Verkehrsverbote,
- Halteverbote,
- Markierungen,
- Fahrstreifenbegrenzungen,
- Sperrflächen.

Antwort 81

Richtzeichen geben zur Erleichterung des Verkehrs besondere Hinweise. Dazu gehören:

- Schilder an Vorfahrtsstraßen,
- Schilder an Parkflächen,
- Schilder über Vorrang für den Gegenverkehr,
- Hinweise auf Fußgängerüberwege,
- Hinweise auf Umleitungen.

Antwort 82

Zu den Verkehrseinrichtungen zählen:

- Geländer,
- Leiteinrichtungen,
- Absperrgeräte,
- Blinklicht und Lichtzeichenanlagen, auch Warnleuchten.

Verkehrseinrichtungen dienen der optischen Verkehrsführung und der speziellen Verkehrsregelung im Bereich von Unfall-, Bau- oder Engstellen.

Antwort 83

Zur besseren Kenntlichmachung von Verkehrseinrichtungen können zusätzlich rote Absperr- oder gelbe Warnleuchten mit eingesetzt werden.

Frage 84
Was zählt zu den Absperrgeräten?

Frage 85
Was zählt zu den Leiteinrichtungen?

Frage 86
Welche Warnleuchten sollten zur Absperrung einer gesamten Fahrbahn eingesetzt werden?

Frage 87
Welche Warnleuchten sollten zur Absperrung eines einzelnen Fahrstreifens eingesetzt werden?

Frage 88
Welche Ausrüstungsgegenstände sollte der Sicherheitsdienst zur Aufnahme eines Verkehrsunfalls mitführen?

Frage 89
Welche Aufgabe haben Zutrittskontrollsysteme?

Antwort 84
Zu den Absperrgeräten zählen:
- Absperrschranken,
- Leitkegel,
- Absperrbalken,
- fahrbare Absperrtafeln,
- Flatterleinen.

Antwort 85
Zu den Leiteinrichtungen zählen:
- Leitpfosten,
- Leittafeln,
- Leitmale.

Antwort 86
Zur Absperrung einer gesamten Fahrbahn sollten rote Warnleuchten mit Dauerlicht eingesetzt werden.

Antwort 87
Zur Absperrung eines einzelnen Fahrstreifens sollten gelbe Warnleuchten mit Blinklicht eingesetzt werden.

Antwort 88
Zur Aufnahme eines Verkehrsunfalls sollte der Sicherheitsdienst folgende Ausrüstungsgegenstände mitführen:
- Bandmaß (Meterstab),
- Ölkreide,
- Fotoausrüstung (Kamera, Stativ, Blitzgerät),
- Nummernsatz,
- Schreibzeug,
- Schreibbrett (Klemmbrett),
- Reifenprofilmesser,
- Melde- und Befragungsvordrucke,
- Absperr- und Warngerät (Warndreieck, Flatterleinen, Leitkegel, Warnleuchte),
- 60-cm-Quadrat.

Antwort 89
Zutrittskontrollsysteme prüfen die Berechtigung von Personen beim Zutritt zu einem kontrollierten Bereich (Gelände, Gebäude, Raum).

Frage 90
Welche Maßnahmen gehören zu einem kompletten Zutrittskontrollsystem?

Frage 91
Beim Einsatz von Ausweislesern gibt es die Begriffe „Online-„ und „Offline"-System. Was versteht man darunter?

Frage 92
Durch welche Maßnahmen kann ein besserer Schutz gegen missbräuchliche Ausweisbenutzung erreicht werden?

Frage 93
Welche Arten von „Biometrischen Systemen" zur Zutrittskontrolle gibt es?

Frage 94
Welche Arten von Ausweislesern gibt es?

Antwort 90
Zu einem kompletten Zutrittskontrollsystem gehören baulich-technische (Schranken, Drehsperren, Drehkreuze, Ausweisleser, Codierungen, Rechner) und organisatorische (Ausweiswesen, Zutrittsregelung) Maßnahmen.

Antwort 91
Offline-Anlagen bezeichnet man auch als „Stand-alone-Anlagen". Es sind in der Regel Einzelterminals, bei denen die Berechtigungen nur für diesen einen Bereich abgelegt sind. Meist können sie nur im Sinne einer „Ja-Nein"-Berechtigung über den Zutritt entscheiden.
Online-Anlagen sind mit einem Zentralrechner und diversen Untereinheiten (Vorrechnern) vernetzte Systeme. Dort wird die Berechtigungsprüfung der Zutritte dezentral vorgenommen. Der Zentralrechner dient dabei als Verwalter des in der gesamten Anlage vorhandenen Datenbestands und ermöglicht eine individuelle Speicherung und Zuordnung der Zutrittsdaten. Beispiele:
- Mitarbeiter-Stammsätze (Name, Ausweisnummer, Personalnummer usw.),
- Terminal-Stammsätze (Standard, Türnummer, Terminal-Typ),
- Zeitmodelle, nach denen Berechtigungsfreigaben gesteuert werden,
- Parameter, die für den regelmäßigen Betrieb benötigt werden (z. B. Türöffnungszeit, Sabotageüberwachung).

Antwort 92
Besserer Schutz gegen missbräuchliche Ausweisbenutzung kann durch die Anwendung „Biometrischer Systeme" erreicht werden.

Antwort 93
Es gibt folgende Arten von „Biometrischen Systemen":
- *Bild*vergleich,
- *Handgeometrie*vergleich,
- Irisvergleich,
- *Netzhaut*vergleich,
- *Stimmen*vergleich,
- *Fingerabdruck*vergleich.

Antwort 94
Es gibt:
- Einzugsleser,
- Einsteckleser,
- Durchzugsleser,
- berührungslose Leser.

Frage 95
Welche gängigen Codierungsarten für Ausweise gibt es?

Frage 96
Welche Arten von baulichen Maßnahmen gehören zu einem wirkungsvollen Zutritts- bzw. Zufahrtskontrollsystem?

2.4 Funktion und Anwendung von Feuerlöschgeräten

Handfeuerlöscher, Kleinfeuerlöschgeräte, Sprinkleranlagen und sonstige Löschgeräte

Frage 97
Welches sind die allgemeinen Aufgaben des Brandschutzes?

Frage 98
Nennen Sie die Brandklassen und jeweils ein Beispiel eines dazugehörigen typischen brennbaren Stoffes.

Antwort 95

Es gibt folgende gängige Codierungsarten:

- Infrarotcodierung,
- Magnetstreifencodierung,
- Induktionscodierung,
- elektronische Codierung (Chip).

Antwort 96

Folgende bauliche Maßnahmen gehören zu einem wirkungsvollen Zutritts- bzw. Zufahrtskontrollsystem:

- Drehkreuze,
- Drehsperren,
- Drehtüren,
- Schleusen,
- Schranken.

Antwort 97

Die allgemeinen Aufgaben des Brandschutzes sind:

- der vorbeugende Brandschutz,
- der abwehrende Brandschutz,
- die technische Hilfeleistung.

Antwort 98

Brandklasse A: feste brennbare, glutbildende Stoffe (Holz, Kohle),

Brandklasse B: flüssige oder flüssig werdende brennbare Stoffe (Benzin, Heizöl, Harze, Wachse, Teer, Alkohol),

Brandklasse C: brennbare Gase (Propan, Stadtgas, Wasserstoff),

Brandklasse D: brennbare Metalle (Kalium, Lithium, Natrium, Magnesium, Aluminium),

Brandklasse F: brennbare pflanzliche oder tierische Öle und Fette (Speiseöle/-fette in Frittier- und anderen Küchengeräten).

Frage 99
Welche Löschmittel gibt es?

Frage 100
Welche Löscheffekte gibt es?

Frage 101
Welchem Zweck dienen die Feuerlöscher?

Frage 102
Nennen Sie die Hauptbestandteile eines Feuerlöschers.

Frage 103
Nennen Sie vier Arten von Feuerlöschern.

Frage 104
Wozu dienen Feuerlöschgeräte?

Frage 105
Welcher Brandklasse werden die brennbaren Gase zugeordnet?

Antwort 99
Es gibt folgende Löschmittel:
- Wasser,
- Pulver,
- Schaum,
- Kohlendioxid (CO_2),
- Schutzgas (Argon, INERGEN, ARGONITE),
- Löschdecke,
- Graugussspäne, Erde, Sand.

Antwort 100
Es gibt folgende Löscheffekte:
- Kühleffekt,
- Stickeffekt,
- antikatalytischer Effekt, Inhibitionseffekt.

Antwort 101
Bekämpfung und Löschung von Entstehungsbränden.

Antwort 102
- Löschmittelbehälter,
- Treibmittelbehälter,
- Betätigungs- und Sicherungseinrichtungen,
- Löschmittelfüllung.

Antwort 103
- Wasserlöscher,
- Pulverlöscher (alle Sorten),
- CO_2-Löscher (Kohlendioxid-Löscher),
- Schaumlöscher.

Antwort 104
- Zum Schutz von Menschen und Sachen,
- zur Bekämpfung von Entstehungsbränden.

Antwort 105
Brandklasse C: brennbare Gase.

Frage 106

Nennen Sie

a) drei Arten stationärer Feuerlöschanlagen und

b) erklären Sie kurz deren Funktion.

Frage 107

Welche Atemschutzsysteme gibt es und durch was unterscheiden sie sich wesentlich?

2.5 Sonstige technische Einrichtungen und Hilfsmittel

Notwehrgeräte, persönliche Schutzeinrichtungen gegen Feuer, Gasentwicklung und schädliche Stoffe

Frage 108

Zählen Sie vier verschiedene Arten von Schlössern auf.

Antwort 106

a) Stationäre Feuerlöschanlagen sind:
   - Sprinkleranlage,
   - Sprühflutanlage,
   - CO_2-Feuerlöschanlage.

b) Bei der Sprinkleranlage sind die an der Decke angeordneten Düsen (Sprinkler) untereinander und mit einer Wasserversorgungseinrichtung verbunden. In den Sprinklern halten ein Schmelzlot oder ein Glasfläschchen den Dichtkegel fest. Bei einer bestimmten Maximal-Temperatur schmilzt das Lot oder das Glasfläschchen platzt, wodurch das Wasser austreten kann. Es werden nur die im Brandbereich befindlichen Sprinkler geöffnet.
   Bei der Sprühflutanlage wird nach Öffnen der Wasserzufuhr (automatisch) der gesamte mit Sprühdüsen versorgte Bereich unter Wasser gesetzt.
   Bei der CO_2-Feuerlöschanlage wird nach Brandausbruch der Löschmittelstrom manuell oder automatisch freigegeben. Der Alarm wird sofort in Gang gesetzt, das Löschmittel strömt unter Verzögerung aus. Während der Verzögerungszeit müssen anwesende Personen den Raum verlassen.

Antwort 107

Es gibt im Wesentlichen zwei Atemschutzsysteme:
- umluftabhängige Atemschutzsysteme, z. B. Filtergeräte,
- umluftunabhängige Atemschutzsysteme, z. B. Pressluftatmer.

Der wesentliche Unterschied ist die Umluftabhängigkeit und die Umluftunabhängigkeit.

Antwort 108

- Buntbartschloss,
- Mittelbruch- oder Besatzungsschloss,
- Zuhaltungs- oder Chubbschloss,
- Zylinderschloss.

Frage 109
Welche Arten von Schließzylindern kennen Sie?

Frage 110
Durch welche Maßnahmen werden Aufsperrsicherheit (Sicherheit gegen Sperrwerkzeuge) und Nachschließsicherheit (Sicherheit gegen Anwendung gleichartiger Schlüssel) erhöht?

Frage 111
Welche Arten von Schließzylindern mit fünf und mehr Zuhaltungen haben einen hohen Sicherheitswert?

Frage 112
Welche Arten von Schließanlagen gibt es? Beschreiben Sie kurz ihre Funktion.

Antwort 109

- Profilzylinder (wird am häufigsten verwendet),
- Rundzylinder,
- Ovalzylinder.

Antwort 110

Aufsperrsicherheit und Nachschließsicherheit werden erhöht, wenn der Schließzylinder mehr als fünf Stiftzuhaltungen oder zusätzliche Sperrelemente aufweist.

Antwort 111

- Wendeschlüsselsysteme,
- Magnetschlosssysteme,
- Schließzylinder mit Sperr-Rippenprofil und Layrinth-Sicherung,
- Schließzylinder mit Sperrwelle.

Antwort 112

Es gibt:

- Zentralschlossanlagen
  Sie bestehen aus beliebig vielen verschiedenen Schließzylindern. Die Schlüssel dieser Zylinder schließen einen oder mehrere Schließzylinder – Zentralzylinder – mit.
- Hauptschlüsselanlagen
  Sie bestehen aus beliebig vielen verschieden schließenden Zylindern, denen ein Hauptschlüssel übergeordnet ist.
- Kombinierte Hauptschlüssel-Zentralschlossanlagen
  Sie bestehen aus beliebig verschieden schließenden Zylindern. Der Hauptschlüssel ist allen Schließzylindern übergeordnet. Die Schlüssel der verschieden schließenden Zylinder schließen einen oder mehrere Schließzylinder – Zentralzylinder mit.
- Generalhauptschlüsselanlagen
  Sie bestehen aus beliebig vielen verschieden schließenden Zylindern mit einem hierarchischen Aufbau von Schließkompetenzen für übergeordnete Schlüssel. Der Generalhauptschlüssel steht an höchster Stelle und kann alle Zylinder schließen. Darunter gliedern sich – je nach Bedarf – Hauptgruppenschlüssel, Obergruppenschlüssel, Gruppenschlüssel, Einzelschlüssel und Sonderschließungen.

Frage 113
Welche Aufgaben hat ein Schließplan?

Frage 114
Was versteht man unter „elektronischen Schließsystemen"?

Frage 115
Welche Angaben sollte ein Firmenausweis enthalten?

Frage 116
Bei einem Ausweislesesystem unterscheidet man zwei Verfahren. Schildern Sie kurz diese Systeme.

Antwort 113
Ein Schließplan enthält die Schließkompetenzen und den organisatorischen Aufbau der Schließanlage.

Antwort 114
Elektronische Schließsysteme sind eine Kombination von mechanischer Schließtechnik und elektronischer Informationen im Schließzylinder und im Schlüssel.

Antwort 115
Ein Firmenausweis sollte folgende Angaben enthalten:
- Firma,
- Lichtbild,
- Name, Vorname,
- Abteilung,
- Personalnummer,
- Berechtigungen,
- ggf. Unterschrift des Inhabers.

Antwort 116
Bei Ausweislesesystemen unterscheidet man das ON-LINE-System und das OFF-LINE-System.
Beim ON-LINE-System werden alle angeschlossenen Ausweisleser von einer Zentraleinheit überwacht und gesteuert. Neben der Protokollierung der Zutritts- und Ausgangszeiten können weitere spezifische Daten abgefragt und verglichen werden. Bei Verwendung von Warnsystemen werden bei unberechtigtem Zutritt oder bei Manipulationen Alarme (akustisch, optisch) ausgelöst.
Beim OFF-LINE-System handelt es sich um eigenständige Ausweisleser. Sie erkennen nur ein oder wenige Merkmale. Eine Erhöhung der Sicherheit kann durch zusätzliche Verwendung einer Zahlenkombination erreicht werden. Bei zusätzlicher Verwendung eines Terminals können die Zutrittskriterien weiter eingeengt werden.
Ausweisleser im OFF-LINE-System prüfen Firmenzugehörigkeit und geben den Zutritt dann frei. Bei entsprechender Codierung ist Sperrung möglich.
Ausweisleser im ON-LINE-System sind dann an einen zentralen Rechner angeschlossen:
- Daten können abgefragt werden,
- Daten können gespeichert werden,
- Zutritt und Zeiterfassung möglich,
- Zutritt kann verweigert werden,
- Rückruf kommt vom zentralen Rechner zum Terminal,
- Ausdruck sofort möglich.

Frage 117

Erklären Sie die Zugangskontrollsysteme mit
- Werksausweisen,
- Schlüsselkarten,
- Ausweisleser.

Frage 118

Nennen Sie die wichtigsten Sicherheitszeichen.Beschreiben Sie diese Zeichen und nennen Sie je ein Beispiel.

Frage 119

Welchem Zweck dienen die Sicherheitsfarben?

Frage 120

Welche Form und welche Farbe weist ein Warnschild aus?

Frage 121

Welche Anstrichfarbe ist bei Druckgasflaschen für Sauerstoff vorgeschrieben?

Frage 122

Nennen Sie die Arten der Zeichen für die innerbetrieblichen Verkehrsregelungen.

Antwort 117

- Werksausweis = Lichtbildausweis mit verschiedenen Farben für Passier- und Zutrittsberechtigungen,
- Schlüsselkarten = der codierte Ausweis ersetzt den Schlüssel,
- Ausweisleser = er prüft die Ausweiskarte auf Zutrittsberechtigung/Ausgangsberechtigung. Die Bewegung wird registriert. Bei Missbrauch wird Alarm ausgelöst. Kombination mit Bildvergleich und einer persönlichen Codezahl ist möglich.

Antwort 118

- Verbotszeichen = rund, roter Rand, weißer Grund, schwarzes Symbol, roter Querbalken von oben links nach unten rechts – Zutritt verboten –,
- Warnzeichen = Dreieck, Spitze nach oben, schwarzer Rand, gelber Grund, schwarzes Symbol – Radioaktivität –,
- Gebotszeichen = rund, weißer Rand, blauer Grund, weißes Symbol – Gehörschutz tragen –,
- Rettungszeichen = rechteckig, weißer Rand, grüner Grund, weiße Schrift und/oder weißes Symbol – Fluchtweg -.

Antwort 119

Sie sollen:

- Unfälle und gesundheitliche Schäden verhüten helfen und
- auf Gefahren hinweisen.

Antwort 120

- gleichseitiges Dreieck,
- Spitze zeigt nach oben,
- Untergrund gelb,
- Rand und Symbol schwarz.

Antwort 121

Für Druckgasflaschen mit Inhalt Sauerstoff ist als Anstrichfarbe Blau vorgeschrieben.

Antwort 122

- Gefahrzeichen,
- Vorschriftzeichen,
- Richtzeichen.

Frage 123
Welche geometrischen Formen haben die Sicherheitszeichen (Sicherheitskennzeichnung am Arbeitsplatz) und zu welcher Kategorie zählen sie?

Frage 124
Welche Sicherheitsfarben kennen Sie und welche Bedeutung oder Aufgabe haben diese?

Frage 125
Im Werk werden viele Stoffe in Rohrleitungen befördert. Um Gefahren zu vermeiden, sind die Rohre farblich gekennzeichnet. Nennen Sie sechs Stoffe und die dazugehörige Kennfarbe.
Anmerkung: Die Musterlösung nennt 10 Stoffe.

Frage 126
Transporte gefährlicher Güter sind besonders zu kennzeichnen und auszustatten. Worauf haben Sie bei einer Kontrolle zu achten?

Antwort 123

– Rund	– Verbotsschilder,
– dreieckig (Spitze nach oben)	– Warnschilder,
– rund	– Gebotsschilder,
– rechteckig	– Hinweisschilder.

Antwort 124

– Rot	– Halt,
– gelb	– Vorsicht,
– grün	– Gefahrlosigkeit und Erste Hilfe,
– blau	– Hinweis und Gebot.

Antwort 125

Wasser	– grün,
Luft	– grau,
Laugen	– violett,
Säuren	– orange,
Wasserdampf	– rot,
brennbare Gase	– gelb,
Sauerstoff	– blau,
brennbare Flüssigkeiten	– braun,
nicht brennbare Gase	– gelb mit Zusatzfarbe schwarz oder schwarz,
nicht brennbare Flüssigkeiten	– schwarz.

Antwort 126

- Kennzeichnung des Fahrzeugs vorne und hinten mit Gefahrguttafel,
- Kennzeichnung mit Gefahrensymbol und Gefahrenklasse,
- Mitführen der orangefarbenen ADR-Bescheinigung,
- Gefahrgut-Merkblatt im Führerhaus und hinter den Gefahrguttafeln mitführen.

Frage 127

Was ist aus der besonderen Kennzeichnung der Gefahrguttransporte ablesbar, wenn nach der Bedeutung der Gefahrgutnummer (KemlerZahl) bzw. der UN-Nr. gefragt ist?

Frage 128

Worauf ist im Falle eines Brandes zu achten, wenn auf der Gefahrguttafel vor der oberen Zahlengruppe ein „X“ steht?

Antwort 127

Gefahrgutnummer (Kemler-Zahl, obere Hälfte):
- Gefahrenhinweis oder
- Kennzeichnung der Gefahr
- Hauptgefahr entzündbarer fester Stoff (1. Zahl),
- Gefahr der Gasentweichung (2. Zahl),
- Gefahr der Entzündbarkeit (3. Zahl).

UN-Nr. (untere Hälfte):
- Materialkennzahl, Ladegut (laut Katalog Gefahrgüter),
- Hinweis auf die Zusammensetzung des Stoffes.

Antwort 128

Für den Fall eines Brandes besagt ein „X“ auf der Gefahrguttafel vor der oberen Zahlengruppe: Verbot, mit Wasser zu löschen.

Teil III
Sicherheits- und serviceorientiertes Verhalten und Handeln
21 Prüfungsfragen mit Antworten

von Hans Peter **Schmalzl**, Diplom-Psychologe, Zentraler Psychologischer Dienst der Bayerischen Polizei, München

1. Situationsbeurteilung und -bewältigung

1.1 Grundlagen menschlichen Verhaltens

1.1.1 Menschenkenntnis und Psychologie

■ **Frage 1**

Wieso sollte es für eine Sicherheitskraft nicht ausreichend sein, selbst schwierige zwischenmenschliche Situationen mit gesundem Menschenverstand zu bewältigen?
Arbeiten Sie in Ihrer Antwort die Grenzen des „gesunden Menschenverstandes“ heraus. Wo muss er versagen?

Antwort 1

Der sogenannte gesunde Menschenverstand beruht zum einen auf eigenen Erfahrungen, zum anderen auf Meinungen und Anschauungen, die man von anderen übernommen hat. Das Problematische daran ist, dass sowohl die eigenen Erfahrungen als auch die übernommenen Einstellungen sehr stark von den zufälligen Einflüssen abhängig sind, denen man im Laufe seines Lebens ausgesetzt ist. Elternhaus, Erzieher, Freunde und Beruf prägen den eigenen „Menschenverstand", ohne dass man im Einzelnen überprüft, wie gültig diese Einflüsse sind.

Der Wert des „gesunden Menschenverstandes" ist also davon abhängig, wie gut die jeweiligen Einflüsse waren. Er stößt außerdem dort an seine Grenzen, wo der eigene Erfahrungshorizont überschritten wird: Wenn eine Sicherheitskraft – als Berufsanfänger – in neue Lebensbereiche kommt, auf die sie ihre bisherige Erziehung und Umwelt nicht ausreichend vorbereitet haben, hilft ihr der ganze „gesunde Menschenverstand" nichts.

Frage 2

Was unterscheidet die wissenschaftliche Psychologie von der Menschenkenntnis?
Erläutern Sie zuerst, was unter den beiden Begriffen zu verstehen ist, und finden Sie dann Unterscheidungsmerkmale, wobei Sie von etwaigen Gemeinsamkeiten ausgehen können.

Antwort 2

Die wissenschaftliche Psychologie beschäftigt sich mit dem menschlichen Verhalten und Erleben. Während man mit „Verhalten" das bezeichnet, was unmittelbar beobachtbar und messbar ist, also z. B. Mimik und Gestik, Sprechen oder Schweigen, Bewegungen und Handlungen, steht „Erleben" für die nicht unmittelbar beobachtbaren Vorgänge, wie sie sich z. B. im Gehirn abspielen, Denken und Fühlen etwa. Menschliches Erleben kann nur aus dem Verhalten geschlossen werden. Wenn die Psychologie nun Verhalten und Erleben des Menschen erforscht, so tut sie das mit bestimmten Methoden nach festgelegten Regeln. Sie hält sich streng an das, was sie systematisch und objektiv erfahren kann.
Auch die Menschenkenntnis bezieht sich auf menschliches Verhalten und Erleben mit dem Anspruch, andere Menschen richtig einschätzen zu können. Aber die eigene Menschenkenntnis erwirbt man unsystematisch und subjektiv, ungeordnet und ungeprüft. Was ich mir an Menschenkenntnis aneigne, ist also nicht das Ergebnis wissenschaftlichen Forschens, sondern das Resultat aus eher zufälligen persönlichen Erfahrungen und Einflüssen. Da Menschenkenntnis zur Handlungssicherheit verhelfen soll, indem man sich rasch ein Bild über andere Menschen macht, neigt man auch dazu, einmal gebildete Meinungen beizubehalten und zu verallgemeinern.
Die Psychologie versucht gerade die voreiligen Schlüsse und Fehlinterpretationen, denen eine ungeprüfte Menschenkenntnis leicht unterliegt, zu vermeiden. Für jemanden, der beruflich ständig mit menschlichem Verhalten und Erleben zu tun hat, liefert die Psychologie deshalb die notwendigen Korrekturen und Ergänzungen.

1.1.2 Strukturebenen

■ **Frage 3**

Die Begriffe *Trieb*, *Gefühl* und *Verstand* finden sich in alltagssprachlichen Wendungen wie: „Da gingen seine Triebe mit ihm durch."
„Man sollte sich auf sein Gefühl verlassen." oder „Sie handelte ohne Sinn und Verstand."
Versuchen Sie herauszuarbeiten, was hinter solchen Redewendungen steckt, indem Sie darlegen, dass man mit den Begriffen Trieb, Gefühl und Verstand drei unterschiedliche Organisationsebenen der menschlichen Person bzw. des menschlichen Erlebens und Verhaltens bezeichnen kann. Machen Sie dabei deutlich, dass sich die drei Ebenen keineswegs ausschließen, sondern ergänzen. (Was wäre z. B., wenn ein Mensch nur seinen Verstand einsetzen, nicht aber seine Gefühle wahrnehmen würde?)

Antwort 3

Der Mensch erlebt sich ganz unterschiedlich. Zum einen glaubt er sich regelrecht getrieben, etwa wenn er Heißhunger verspürt und meint, unbedingt etwas essen zu müssen, oder wenn er eine andere Person sexuell begehrt und sein Bedürfnis partout nicht mehr aufschieben will. Zum andern spürt derselbe Mensch die Macht seiner gefühlsmäßigen Regungen. So gibt es Empfindungen, die ihn davon abhalten, über den begehrten Sexualpartner herzufallen, Zärtlichkeit oder Liebe beispielsweise oder auch nur Mitleid oder Unwohlsein oder Unsicherheit und Scham . . . Auch den Heißhunger wird er nicht sofort stillen, wenn Schamgefühle überwiegen oder die Angst, als unbeherrscht zu gelten. Schließlich wird er selbst bei Heißhunger und einem „guten" Gefühl noch überlegen, ob es vernünftig oder richtig wäre, jetzt sofort zu essen, indem er zum Beispiel die nächste Autobahngaststätte ansteuert, wo doch besseres und preiswerteres Essen zuhause auf ihn wartet. Genauso wird er die Risiken und Folgen einer sofortigen sexuellen Annäherung ins Kalkül ziehen und sich so des Verstandes bedienen. Sein Verstand wird ihm sagen, dass momentaner Triebverzicht notwendig ist, um langfristig die Befriedigung der eigenen (sexuellen) Bedürfnisse sicherzustellen.

Trieb als die biologische Voraussetzung unserer Bedürfnisse, Gefühl als die dabei empfundene Bewertung und Stimmungslage und Verstand als die Kosten-Nutzen-kalkulierende Kontrollinstanz ergänzen sich. Handeln mit Verstand, aber ohne Gefühl würden wir als herzlos, letztlich als unmenschlich empfinden. Gefühlsmäßige Entscheidungen ohne Verstand entpuppten sich rasch als fahrlässig, dumm, unsinnig oder gar lebensgefährlich. Und ohne die Triebregulation über Gefühl und Verstand wären kein gemeinschaftliches Zusammenleben der Menschen und keine Zivilisation möglich.

1.1.3 Motive und Motivation

Frage 4

In der Dreigroschenoper von Bertolt Brecht heißt es: „Erst kommt das Fressen, dann kommt die Moral."

Welche psychologische Wahrheit steckt in diesem Satz, wenn Sie an Bedürfnisse und Motive menschlichen Handelns denken? (Wie verhält sich z. B. das Bedürfnis zu essen zu dem Bedürfnis, ein guter Mensch zu sein?)

Antwort 4

Bedürfnisse sind der Grund, weshalb wir in unterschiedlichster Art und Weise aktiv werden. Sie treiben uns an, etwas zu tun. Man spricht deshalb auch von Motiven (lat.: etwas, was bewegt, antreibt). Von Motivation ist dann die Rede, wenn in einer bestimmten Situation bestimmte Motive wirksam werden.

Bedürfnisse oder Motive haben nicht alle den gleichen Stellenwert. Sie stehen in einer *hierarchischen Ordnung,* d.h., manche Bedürfnisse müssen erst befriedigt werden, bevor andere Bedürfnisse aufkommen. Die Bedürfnisse, die den Vorrang haben, heißen Grundbedürfnisse (Nahrungsaufnahme, Schlaf, Schutz vor Kälte, Sexualität und emotionale Zuwendung). Sie sind biologisch festgelegt bzw. angeboren; denn sie dienen schlichtweg dem Überleben. Andere Bedürfnisse werden im Laufe des Lebens erworben, so das Bedürfnis, etwas Bestimmtes zu besitzen oder eine bestimmte Stufe auf der Karriereleiter zu erklimmen. Die angeborenen Bedürfnisse nennt man auch *primäre Motive,* die erworbenen auch *sekundäre Motive.* Will man die Bedürfnisse noch etwas genauer ordnen, so lässt sich eine regelrechte *Bedürfnispyramide* erstellen. Den breiten Sockel bilden die körperlich-biologischen Bedürfnisse, dann kommen die Bedürfnisse nach Sicherheit und Schutz, dann die sozialen Bedürfnisse wie Geselligkeit, Zugehörigkeit und Freundschaft, dann die Bedürfnisse nach Anerkennung, Geltung und Wertschätzung durch andere und erst zum Schluss folgen die Bedürfnisse nach einem erfüllten, auch moralisch hochstehenden Leben in Eigenverantwortung und Selbstverwirklichung. Man sieht, Brecht hatte Recht: Es kommt tatsächlich zuerst das Fressen und dann erst die Moral.

Frage 5

Sie stehen als Sicherheitskraft am Haupteingang eines innerstädtischen Unternehmens und beobachten, wie auf der gegenüberliegenden Straßenseite einer Frau die Handtasche entrissen wird. Obwohl sie laut um Hilfe ruft, hält keiner der zahlreichen Passanten den davonrennenden Räuber auf.

Es gibt grundsätzlich das menschliche Motiv, anderen zu helfen, aber es gibt Situationen – wie die geschilderte –, wo mögliche Hilfeleistung unterbleibt.

Nennen Sie, ausgehend von der obigen Situation, einige Bedingungen, die die Wahrscheinlichkeit erhöhen, dass nicht geholfen wird.

Antwort 5

Zu den Bedingungen, die unter Umständen dazu führen, dass nicht geholfen wird, zählen:

- Die Anonymität in der Großstadt bzw. die Tatsache, dass man weder das Opfer noch die anderen Passanten kennt. (Einem Fremden hilft man nicht so leicht, außerdem kann ich mich nicht blamieren, wenn ich untätig bleibe, weil mich die anderen ja nicht kennen!).
- die Unsicherheit, die dadurch entsteht, dass jeder auf den anderen schaut und wartet, ob nicht der andere hilft. (Wenn niemand hilft, warum sollte dann gerade ich?).
- die Angst, man könnte zu Schaden kommen, wenn man dem Handtaschenräuber nachläuft. (Was habe ich denn davon? Am Schluss greift er mich noch an, und wer hilft dann mir?).

Diese Faktoren könnten in der geschilderten Handtaschenraubszene dafür verantwortlich sein, dass niemand geholfen hat. Die in Klammern stehenden Gedanken mögen einem dabei durch den Kopf gehen. Sie führen jedenfalls dazu, dass das Bedürfnis zu helfen unterdrückt wird.

1.2 Wirkung der eigenen Person

1.2.1 Selbst- und Fremdbild

■ **Frage 6**

Jeder, der beruflich mit Menschen umgeht und dabei nicht selten Konflikte erkennen und entschärfen muss, sollte sich selbst gut kennen. Erläutern Sie anhand des Johari-Fenster-Modells die psychologische Bedeutung dieses Satzes. (Was passiert im Umgang mit anderen, wenn man sich selbst nicht richtig einschätzt?

Antwort 6

Das „Johari-Fenster" (siehe Abbildung) weist auf das Spannungsfeld von Selbstbild und Fremdbild hin. Nur ein Teil des Selbst ist allen, einem selber und auch anderen, zugänglich (Fenstersegment A), z. B. die Tatsache, dass man in letzter Zeit stark abgenommen hat. Ein anderer Teil ist den anderen bekannt oder auffällig, während man selbst darüber nichts oder zu wenig weiß (Segment B), z. B. eine deutliche Gereiztheit, die man anderen gegenüber in letzter Zeit an den Tag legt. Reziprok gibt es zu B einen Teil des Selbst, der einem selber wohl bewusst ist, vor anderen aber verborgen gehalten wird, etwa die Tatsache, dass man in letzter Zeit mit dem Ehepartner große Probleme hat (Segment C). Schließlich mag es bezüglich der eigenen Person einen Rest geben (Segment D), der niemandem bekannt ist, auch einem selber nicht, etwa unbewältigte Konflikte aus der Kindheit, die jetzt die Ehe belasten.

Das eigene Selbst

	mir selber bekannt	mir selber nicht bekannt
anderen bekannt	A	B
anderen nicht bekannt	C	D

Das Johari-Fenster

Segment B ist der Teil, auf den sich die Aufgabe bezieht. Man könnte diesen Teil den „blinden Fleck" nennen. Er verhindert, dass man an sich selbst erkennt, was anderen offensichtlich ist, etwa die oben erwähnte Gereiztheit. Daraus erwachsen nur zu leicht Missverständnisse, Irritationen und schließlich handfeste Konflikte. Die anfänglichen Andeutungen der Kollegen, wenn sie zunächst vorsichtig auf die Gereiztheit anspielen, versteht man nicht und die späteren Verhaltensweisen, wenn z. B. die Kollegen anfangen, einem aus dem Weg zu gehen, verstören und verärgern und münden schließlich in gegenseitige Beschuldigungen. Je größer der eigene blinde Fleck, umso weiter entfernt sich das Selbstbild vom Fremdbild und umso schwieriger gestaltet sich das Miteinander. Spannungen und Konflikte sind dann vorgezeichnet.

1.2.2 Erscheinungsbild, Auftreten und Selbstwertgefühl

■ **Frage 7**

Das wünschenswerte alltägliche Verhalten der Sicherheitskraft lässt sich mit Begriffen wie freundlich, höflich, korrekt, selbstsicher, gelassen, situationsangepasst, vorurteilsfrei etc. benennen.
Was bedeuten diese Eigenschaften ganz augenfällig für das äußere Erscheinungsbild, das Auftreten und die sprachliche Ausdrucksweise der Sicherheitskraft?
Berücksichtigen Sie bitte in Ihrer Antwort den Begriff des Selbstwertgefühls.

Antwort 7

Das wünschenswerte Verhalten der Sicherheitskraft sollte bei einem gepflegten äußeren Erscheinungsbild beginnen. Kleidung bzw. Uniform sollten einen sauberen und korrekten Eindruck machen. Wichtig sind eine beherrschte Körperhaltung und eine ruhige Gestik und vor allem der Blickkontakt. Man muss dem Gesprächspartner in die Augen schauen können, um Interesse und Hilfsbereitschaft zu signalisieren. Selbstverständlich erfolgt die Anrede bei Erwachsenen mit „Sie".

Daneben sollte sich die Sicherheitskraft um eine verständliche Sprech- und klare Ausdrucksweise bemühen: nicht nuscheln; Dialekt nur dort, wo er verstanden wird, u. a.

Immer obenan stehen muss der Versuch, auf den anderen einzugehen und sein Anliegen zu erfassen. Gutes Zuhören und einfühlsames Fragen lassen Missverständnisse erst gar nicht aufkommen.

Das alles wird nur gelingen, wenn die Sicherheitskraft die richtige innere Einstellung entwickelt, die wiederum abhängt von dem Wert, den sie der eigenen Person und Arbeit zuschreibt. Ein angemessenes Selbstwertgefühl ist also die Voraussetzung für das richtige Verhalten im beruflichen Alltag.

Bei einem gestörten Selbstwertgefühl dagegen neigt man dazu, nicht nur sich, sondern auch andere falsch einzuschätzen. Ein *Minderwertigkeitsgefühl* führt zur Überschätzung, ein *Überwertigkeitsgefühl* zur Unterschätzung anderer. Problematisch ist vor allem die Tendenz, Gefühle von Minderwertigkeit zu überdecken, indem man vermeintliche Stärken und Vorzüge über Gebühr herauskehrt, also z. B. den wohlgeformten Körper ständig in Positur bringt. Hier wird der an sich sinnvolle Ausgleich von Schwächen (Kompensation) zur *Überkompensation.*

1.3 Erfassen der Einwirkungsmöglichkeiten auf das Verhalten anderer und Ableiten geeigneter Verhaltensmuster

1.3.1 Situationsanalyse

■ **Frage 8**

Als neuer Mitarbeiter des Sicherheitsdienstes eines großen Unternehmens führen Sie an der Rezeption des Hauptverwaltungsgebäudes Ausweiskontrollen durch. Sie sind angewiesen, diese Kontrollen streng zu handhaben. Ein Herr mittleren Alters stellt sich Ihnen als „Abteilungsleiter Kopp" vor. Er erwähnt auch gleich, dass er sich in Urlaub befinde, deshalb seinen Betriebsausweis vergessen hätte, nun aber seinen beiden Kindern seinen Arbeitsplatz zeigen wolle. Die Idee sei ihm gerade während einer Fahrt durch die Stadt gekommen. Ursprünglich wollte er mit den Kindern ins Kino, die Karten seien aber ausverkauft. Also, Sie sollten ihn jetzt nicht lange aufhalten, sondern passieren lassen . . .

Welche Faktoren bestimmen psychologisch die Situation, in der Sie sich hier befinden? Wie müssen Sie mit diesen Faktoren umgehen, um Ihr Ziel, eine einwandfreie Kontrolle, konfliktfrei zu erreichen?

Antwort 8

Fragt man zunächst nach den Besonderheiten der Situation, so fällt eine Konstellation auf, die überhaupt erst die Situation problematisch werden lässt: Auf einen neuen Sicherheitsmann, der noch nicht alle wichtigen Leute des Unternehmens kennen kann, trifft ein Mann, der sich offensichtlich für wichtig hält und daraus eine gewisse Vorzugsbehandlung ableitet. Die Sicherheitskraft hat nun klare Anweisungen, die sich mit dem Selbstbild und Rollenverständnis des Herrn K. nicht in Einklang bringen lassen. Erschwerend kommt hinzu, und das ist gerade für eine Situationsanalyse bedeutsam, dass Herr K. nicht allein ist, sondern von seinen Kindern begleitet wird, vor denen er natürlich erst recht ein Bild beruflicher Bedeutsamkeit abliefern will. Schließlich sind Vater und Kinder vermutlich auch noch in mehr oder weniger schlechter Stimmung, weil es mit dem geplanten Kinobesuch nichts geworden ist. Irritation, dass man ihn nicht kennt, Verärgerung, dass er speziell vor den Kindern nicht der sein kann, der er im Betrieb sein möchte, und Frustration wegen des bisherigen Tagesverlaufs bestimmen also psychologisch die Situation.

Die Sicherheitskraft sollte diese psychologisch bedeutsamen Faktoren erahnen, um deeskalierend reagieren zu können. Es wird wohl ratsam sein, sich als neuer Sicherheitsmitarbeiter vorzustellen und mit einem Wort des Bedauerns zu erklären, dass man deshalb Herrn K. noch nicht kenne. Gleichwohl müsse man ihn kontrollieren. Wenn es gelingt, höflich und freundlich, aber dennoch bestimmt in der Sache Herrn K. zu signalisieren, dass er um eine Feststellung seiner Identität nicht herumkommt, wird Herr K. von sich aus einen Lösungsvorschlag machen. Notfalls kann man ihn dazu auffordern.

Frage 9

Zum beruflichen Alltagsverhalten der Sicherheitskraft gehört, dass sie niemanden aufgrund seines Alters, seines Geschlechts, seiner Herkunft usw. bevorzugt oder benachteiligt.
Das gelingt der Sicherheitskraft umso besser, je mehr sie sich von Vorurteilen frei machen kann.
Erklären Sie, was ein Vorurteil ist und wie es zustande kommt. Gehen Sie bitte darauf ein, welchen Wert für unser Denken Vorurteile haben und welche Gefahren sie in sich bergen.

1.3.2 Ursachen von Verhaltensfehlern (Vorurteile und selektive Wahrnehmung)

Frage 10

Nichtraucher haben wenig Ahnung, wo Zigarettenautomaten aufgestellt sind, während Raucher fast jeden Automaten auf dem Fußweg zur Arbeitsstelle kennen. Wer sich ein bestimmtes Auto kaufen möchte, sieht plötzlich überall in der Stadt Autos dieses Typs. Eine Frau, die schwanger wird, sieht auf einmal jede Menge schwangere Frauen oder Frauen mit Kinderwagen usw.
Wie erklären Sie sich diese Phänomene? Verwenden Sie bitte in Ihrer Antwort den Begriff „Wahrnehmung“. Finden und erläutern Sie ein Beispiel aus dem Sicherheitsbereich für dieses Phänomen.

Antwort 9

Vorurteile sind gefestigte Meinungen oder Einstellungen, die entstehen, wenn man mehr oder weniger ungeprüft die Ansichten anderer übernimmt. Mit einem Vorurteil bilde ich mir voreilig ein Urteil.
Vorurteile sind eigentlich unvermeidlich, weil es niemandem möglich ist, den Wahrheitsgehalt aller erhaltenen Informationen zu beurteilen oder gar zu überprüfen. Unser Fachwissen und Erfahrungshorizont sind viel zu gering, um auch nur einen Teil der auf uns einströmenden Informationen bewerten zu können. So gesehen haben Vorurteile die Funktion, unsere Orientierungslosigkeit etwas zu mildern. Vorurteile sind wie Anker in einem Meer von Unsicherheiten.
Allerdings fördern sie unsere gedankliche Trägheit, die darin besteht, eine einmal gefasste Meinung nicht mehr zu ändern. Vorurteile bringen uns also in Gefahr, auf falschen Ansichten zu beharren und fragwürdige Einstellungen keiner neuen Prüfung mehr zu unterziehen.

Antwort 10

Menschen nehmen nicht einfach alles wahr, was sie sehen oder hören. Unsere Wahrnehmung ist *selektiv,* d. h., unser Wahrnehmungsapparat von den Sinnesorganen bis zum Gehirn kann und will gar nicht alles verarbeiten, was an Sinnesreizen auf uns einströmt, und muss deshalb *filtern.* Ins Bewusstsein kommt dann nur der geringste Teil dessen, was auf unsere Sinnesorgane trifft. Was gefiltert und ausgewählt wird, hängt vom Wachheitszustand sowie von der jeweiligen Bedürfnis- und Gefühlslage ab (Motivation und Emotion).
Eine Sicherheitskraft, die ihren Job gut machen will, hat das Bedürfnis, besonders aufmerksam alle Sicherheitsbelange des Unternehmens im Auge zu haben. Ihre Wahrnehmung ist geschärft für alles, was die Sicherheit gefährden könnte. Beispielsweise wird sie die offene Tür, die eigentlich verschlossen sein sollte, eher bemerken als andere.
Diese berufsbedingte Wahrnehmung birgt allerdings die Gefahr, dass die Sicherheitskraft mit gewissem Argwohn ihre Umwelt betrachtet. Sie sollte sich dessen bewusst sein, um anderen nicht vorschnell unlautere Absichten zu unterstellen.

Frage 11

Eine Sicherheitskraft befindet sich auf einem nächtlichen Kontrollgang durch das weitläufige Gelände eines Unternehmens. Folgende Gegebenheiten sollten oder könnten ihr auffallen:

a) In einem Nebenraum der Montagehalle brennt Licht (obwohl die letzte Schicht längst beendet ist),
b) ein Fenster der Kantinenküche ist halb geöffnet,
c) eine Kontrollleuchte der Luftfilteranlage blinkt auf,
d) auf einem Parkplatz für Firmenfahrzeuge steht ein offensichtlich werksfremder Wagen,
e) an dem schwarzen Brett des Betriebsrates hängt ein Flugblatt, das einige Befugnisse des Sicherheitsdienstes kritisch unter die Lupe nimmt,
f) neben dem schwarzen Brett steht eine lange Bank.

Nehmen wir an, die Sicherheitskraft ist übermüdet, hungrig und schlecht gelaunt, weil jemand ihn einen „Wadenbeißer der Werksleitung“ genannt hat.

Welche Gegebenheiten a) bis f) würden ihr in einer solchen Verfassung mit hoher Wahrscheinlichkeit auffallen, welche würde sie möglicherweise übersehen?

Begründen Sie Ihre Wahl und gehen Sie dabei bitte auf den Zusammenhang von Wahrnehmung, Emotion (starke gefühlsmäßige Befindlichkeit) und Motivation (Bedürfnislage) ein.

Antwort 11

Die besondere Befindlichkeit (müde, hungrig, schlecht gelaunt) der Sicherheitskraft schränkt ihre allgemeine Konzentrations- und Wahrnehmungsfähigkeit ein. Auch wird sie nicht die größte Lust verspüren, besonders aufmerksam zu sein und alle Areale und Räumlichkeiten sorgfältig zu überprüfen. Sie könnte damit leicht das brennende Licht (a) und das werksfremde Auto (b) übersehen. Vielleicht unterlässt sie auch den Check der Luftfilteranlage (c).

Auf der anderen Seite macht sie ihr Hunger sensibel für alles, was mit Essen zu tun hat: Den Kantinenduft aus dem geöffneten Fenster wird sie wohl wahrnehmen (b). Ebenso wird ihr aufgrund ihrer Müdigkeit die lange Bank als verlockende Schlafstelle ins Auge stechen (f). Schließlich dürfte der Ärger über die abfällige Bemerkung (Wadenbeißer!) ihre Aufmerksamkeit auf die Kritik am schwarzen Brett lenken (e).

Ihre Emotion (Ärger) und Motivation (Hunger, Schlaf) werden also die Wahrnehmung stark beeinflussen und die berufliche Grundmotivation (konzentrierte Überprüfung aller Sicherheitsbelange) schwächen.

1.4 Anwenden von Techniken zur Konfliktvorbeugung und Deeskalation

1.4.1 Konflikte

Frage 12

Der Leiter Ihres Sicherheitsdienstes verabschiedet sich in den Ruhestand. Sein langjähriger Stellvertreter, Herr Merlich, wird bereits als Nachfolger gehandelt. Tatsächlich wird die Stelle ausgeschrieben und ein betriebsfremder Bewerber, Herr Fritsch, als neuer Leiter eingestellt. Herr Merlich behält seine Position und versichert auch dem neuen Chef seine loyale Mitarbeit. Bei einer der ersten Besprechungen allerdings kommt es zu einem Eklat: Merlich kritisiert indirekt die Äußerungen von Fritsch, indem er mehrfach davon spricht, wie gut es der alte Leiter verstanden hat, „den Laden zusammenzuhalten." Nachdem auch der Hinweis, doch die Vergangenheit ruhen zu lassen, nicht fruchtet, fährt Fritsch seinen Stellvertreter ziemlich barsch an, er solle endlich aufhören, ihn gegen seinen Vorgänger auszuspielen. Merlich scheint konsterniert, steht auf und verlässt den Raum, wobei er die Tür hinter sich zuknallt.
Erläutern Sie anhand des Beispiels die Entstehung eines Konflikts. Gehen Sie dabei besonders auf die Komponenten Frustration und Aggression ein und beginnen Sie mit einer Definition des Begriffs Konflikt.

Antwort 12

Als Konflikt bezeichnet man das Aufeinanderprallen von entgegengesetzten Interessen oder Bedürfnissen. Wenn eine Person gleichzeitig zwei Bedürfnisse hat, die sich gegenseitig ausschließen, erlebt sie ebenso einen Konflikt wie zwei Personen, die mit gegensätzlichen Interessen oder Bedürfnissen aufeinandertreffen. Der Konflikt, den eine Person mit sich selbst austrägt, heißt intrapersonaler Konflikt, bei einem Konflikt zwischen Personen spricht man von einem interpersonalen Konflikt.

Herr Merlich zeigt beide Arten von Konflikt. Intrapersonal verträgt sich sein Bedürfnis nach Loyalität auch dem neuen Chef gegenüber nicht mit dem (lang gehegten) Bedürfnis, endlich selbst Chef zu sein. Interpersonal kommt dieser innere Konflikt zum Ausbruch, indem – bewusst oder nicht – die Führungskompetenz des neuen Chefs in Frage gestellt wird. Dem neuen Chef wiederum ist nichts wichtiger, als in seiner Führungskompetenz nicht angezweifelt zu werden. Er muss sich wehren. Das macht den Konflikt offensichtlich.

Beiden Konflikten liegen Frustrationserfahrungen zugrunde. Frustration entsteht, wenn man gehindert wird, ein Bedürfnis zu befriedigen oder ein Ziel zu erreichen. Das ist natürlich Merlich widerfahren, als er wider Erwarten nicht Leiter des Sicherheitsdienstes wurde. Auch Fritsch wurde frustriert, als seine Bemühungen, in der Besprechung voranzukommen, von den Einwürfen Merlichs wiederholt torpediert wurden. Frustration nun ist eine typische, wenn auch nicht die einzige Grundbedingung für aggressives Verhalten. Aggression ist dabei ein (meist wenig hilfreicher) Weg, um den unerträglichen Zustand der Bedürfnis- oder Zielblockade zu beenden. Es ist zumindest ein momentaner „Ausweg“, wie man ziemlich wörtlich am Abgang von Herrn Merlich sehen kann.

1.4.2 Konfliktbeherrschung und Deeskalationstechniken

Frage 13

Als Sicherheitskraft einer großen Behörde sind Sie gehalten, ein Auge auf die internen Feiern der einzelnen Abteilungen oder Referate zu werfen. So lange alles „im Rahmen“ bleibt, gibt es für Sie keinen Handlungsbedarf. Allerdings ist es in einigen Fällen durch übermäßigen Alkoholgenuss vorgekommen, dass der Lärmpegel aus einigen Räumen oder das Verhalten einzelner Mitarbeiter beim Verlassen der Behörde zu Beschwerden der Nachbarn geführt haben. In solchen Fällen sollen Sie rechtzeitig intervenieren, indem Sie die Feiernden auffordern, sich angemessen zu verhalten. Ihnen selbst ist dieser „Job“ unangenehm, dennoch wird erwartet, dass Sie sich, wie die Behördenleitung es ausdrückt, als professioneller Konfliktmanager bewähren.
Bei einem abendlichen Kontrollgang hören Sie laute Musik und lautes Gelächter. Als Sie dem nachgehen, stehen Sie vor einer Gruppe offensichtlich angetrunkener Beschäftigter Ihrer Behörde. Wie verhalten Sie sich?

Antwort 13

Eine psychologisch geschickte Intervention der Sicherheitskraft wird die Besonderheiten im Umgang mit Gruppen und die Besonderheiten im Umgang mit alkoholisierten Personen mitberücksichtigen. Gruppen gegenüber sollte man grundsätzlich behutsam vorgehen. Zu unübersichtlich ist oft die Szenerie mit den keineswegs immer identischen Stimmungslagen und Verhaltensweisen der einzelnen Gruppenmitglieder. Außerdem gilt es herauszufinden, wer eine Anführerrolle spielt. Bei alkoholisierten Personen ist zudem deren erhöhte Reizbarkeit und Impulsivität bei herabgesetzter Fähigkeit zur Selbstkontrolle und Selbstkritik zu bedenken. Man tut also gut daran, zunächst die Gruppe freundlich anzusprechen und nach den Umständen der Feier zu fragen. Die eingesetzte Körpersprache ist dabei sehr wichtig. Ein gewisser räumlicher Abstand und eine ruhige aufrechte Haltung sollen signalisieren, dass man sehr wohl gekommen ist, um nach dem Rechten zu sehen. Gleichzeitig können Blickkontakt und freundlicher Gesichtsausdruck so etwas wie Empathie und Verhandlungsbereitschaft vermitteln. Schließlich wird man natürlich auch argumentativ nachlegen müssen. Statt die gesamte Gruppe auf die Einhaltung bestimmter Regeln anzusprechen, bietet es sich vielfach an, nach dem Chef oder Dienstältesten zu fragen und ihn zu bitten, etwas abseits von den anderen mit der Sicherheitskraft zu reden. Man kann ihn so bei seiner Verantwortung für die Gruppe packen, ohne dass er so etwas wie Gesichtsverlust vor seinen Leuten befürchten müsste. Außerdem schmeichelt man so seinem Selbstwertgefühl. Er wird sich verpflichtet fühlen, die in ihn gesetzten Erwartungen nicht zu enttäuschen.

Noch ein Wort zum Verhalten gegenüber Angetrunkenen: Je höher der mutmaßliche Alkoholpegel, desto ruhiger, sachlicher, eindeutiger und knapper sollte man sprechen. Andeutungen oder Anspielungen oder Ironie, gegebenenfalls kombiniert mit einem Grinsen, sind unbedingt zu vermeiden.

2. Kommunikation

2.1 Möglichkeiten der Kommunikation

Definition, Grundlage, Merkmale der Kommunikation

■ **Frage 14**

In welchen der fünf folgenden Beispiele menschlichen Verhaltens findet Kommunikation statt? Definieren Sie Kommunikation, bevor Sie eine Entscheidung treffen und arbeiten Sie an den Kommunikationsbeispielen Merkmale der Kommunikation heraus.

Beispiele für Kommunikation:

1. Dass ihre Freundinnen sich am Samstagabend zum Besuch der Disko immer „so auftakeln“, versteht Lisa (16) nicht. Sie schminkt sich nicht, zieht sich wie immer ihre Jeans und ein altes T-Shirt an, fertig.
2. Herr Ernst kommt wieder einmal zu spät zur Arbeit. Die Vorzimmerdame sagt „Mahlzeit“, als er an ihrer offenen Zimmertür vorüberschleicht.
3. Den ganzen Vormittag lässt sich bei Herrn Ernst kein Kollege blicken.
4. Lisa ist selig. Ein Typ, Anfang zwanzig, hat sie von jenseits der Tanzfläche angelächelt.
5. Mittags ruft die Vorzimmerdame bei Herrn Ernst an. Er solle sofort zum Chef kommen.

Antwort 14

Kommunikation ist der Austausch von Informationen oder Botschaften, versteckten und offenen, bewussten und unbewussten. Dabei werden Gedanken oder Gefühle in Zeichen umgesetzt, die ein anderer wahrnehmen und deuten kann, so dass er seinerseits aufgefordert ist, auf die Zeichen-Äußerungen des Ersten zu reagieren. („Zeichen" können Worte oder Laute, aber auch körpersprachliche Äußerungen oder jede Art von Verhalten sein.) Es findet also ein wechselseitiger Prozess statt, bei dem jeweils eine Seite Zeichen sendet, die die andere Seite empfängt. Damit Kommunikation funktioniert, müssen Sender und Empfänger den Zeichen die gleiche Bedeutung geben. Man spricht hier vom gemeinsamen Zeichenvorrat. Gestörte Kommunikation beruht darauf, dass die gesendeten Zeichen vom Empfänger nicht oder anders verstanden werden.

Bei den fünf Beispielen handelt es sich allesamt um Kommunikation. In jedem Beispiel werden Botschaften übermittelt, verbale (Beispiel 2 und 5) oder nonverbale (Beispiel 1 und 4), und zu einer Botschaft kommt es selbst dort, wo kein Kontakt stattfindet (Beispiel 3). Die offensichtliche Kommunikationsverweigerung in Beispiel 3 ist ihrerseits eine Botschaft („Wir wollen heute mit dir nichts zu tun haben!"), so dass sich hier der Grundsatz bewahrheitet, wonach man nicht nicht-kommunizieren kann. Der Austausch von Informationen ist allgegenwärtig. Mit ihm regeln Menschen, aber auch alle anderen Lebewesen, ihre Beziehungen zueinander, mit ihm halten sie auch alles in Fluss. So gesehen ist Kommunikation die Grundlage allen Lebens.

Die fünf Beispiele zeigen auch, dass Kommunikation keineswegs nur auf der verbalen Ebene stattfindet. Eine eindeutige verbale Information, nämlich eine konkrete Aufforderung, liefert nur Beispiel 5. Beispiel 2 enthält zwar auch eine verbale Äußerung, aber ihre Bedeutung erschließt sich erst, wenn man weiß, was man mit diesem Wort „Mahlzeit" einem zu spät Kommenden sagen will. Kommunikation läuft somit auf verschiedenen Bedeutungsebenen ab. Nicht immer ist die allgemeine Wortbedeutung gleich der Botschaft, die man übermitteln will. „Mahlzeit" heißt zur Mittagszeit „Guten Appetit", in unserem Fall heißt es „Schon wieder zu spät!" Es kann auch heißen „Ich ärgere mich darüber, dass du schon wieder zu spät

2.2 Geeignete Kommunikationsformen und -mittel

Verbale und nonverbale Kommunikation

■ **Frage 15**

Sie gehören dem Sicherheitsdienst eines großen Bankhauses an. Auf einem Kontrollgang nach Geschäfts- und Betriebsschluss entdecken Sie auf dem bereits abgesperrten Kundenparkplatz einen Pkw, in dem ein Mann am Steuer sitzt, der offensichtlich keine Anstalten macht zu fahren oder sonst etwas zu unternehmen. Sie veranlassen ihn, das Seitenfenster zu öffnen, sprechen ihn an und fragen ihn, was er denn hier noch mache. Als er nicht reagiert, fragen Sie, ob Sie ihm helfen können. Darauf sagt er mit leiser Stimme: „Mir kann keiner helfen!"
Versuchen Sie unter Verwendung der Informationen, die in dieser Situationsbeschreibung stecken, herauszuarbeiten, was diese Aussage „Mir kann keiner helfen!" bedeuten mag. Nehmen Sie dazu das Kommunikationsmodell von Schulz von Thun („Vier-Ohren-Modell") zu Hilfe.
Erläutern Sie dann, wie Sie die Kommunikation nach erfolgter Einschätzung der Aussage weiterführen. Was könnten Sie antworten oder fragen? Worauf kommt es in der weiteren Kommunikation mit dem Mann an?

zu Antwort 14

kommst;“ oder „Ich seh’ genau, wann du kommst. Ich hab dich unter Kontrolle“. Die vier Seiten einer Nachricht nach dem Kommunikationsmodell nach Schulz von Thun werden hier offenkundig: Neben der einfachen Sachaussage („Du kommst wieder zu spät.“) hat eine Nachricht oder Botschaft auch eine Beziehungsseite („Ich nehme mir raus, dich zu kontrollieren und abzumahnen.“) sowie eine Appellseite („Komm zukünftig pünktlich!“) und eine Seite der Selbstkundgabe („Mir entgeht nichts.“) Dieses Modell der vier Seiten einer Nachricht macht ein Wesensmerkmal jeder Kommunikation deutlich: Kommunikation ist ein mehrdimensionaler Prozess. Es ist sehr schwer, immer alle Dimensionen zu überschauen. Das macht Kommunikation zu einem schwierigen, aber auch reizvollen Geschäft.

Antwort 15

Das Gesamtverhalten des Mannes (sitzt scheinbar ziellos im Auto; antwortet zunächst nicht) und der depressiv klingende Satz „Mir kann keiner helfen!“ lassen schnell den Gedanken aufkommen, dass der Mann verzweifelt und möglicherweise suizidal ist, d.h. an Selbstmord denkt. Das Modell der vier Seiten einer Nachricht nach Schulz von Thun erlaubt eine genauere Analyse:

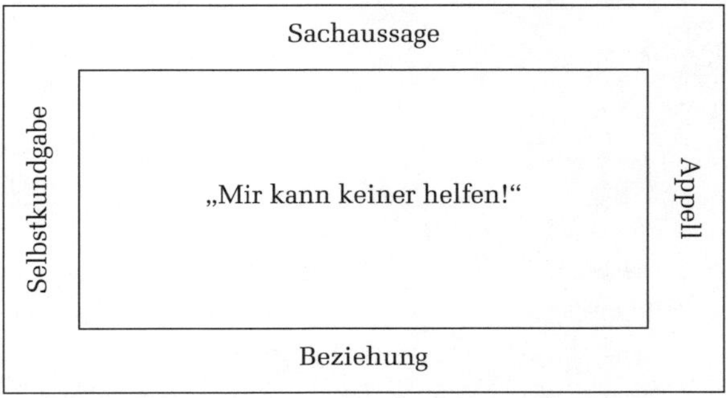

Die Sachaussage ist eindeutig („Kein Mensch kann ihm helfen“) und führt trotzdem nur zu Unverständnis und weiteren Fragen („Wieso kann ihm keiner helfen?“). Erst die Überlegung, welche Selbstkundgabe dahinter steht,

zu Antwort 15

d. h. was der Mann mit seiner Aussage über sich selbst offenbart, hilft weiter: Der Mann weiß offensichtlich nicht mehr, wie es mit ihm weitergehen soll; auch von anderen erhofft er sich nichts mehr. Das wird auch deutlich, wenn man auf die Beziehungsseite schaut: „Auch Sie können mir nicht helfen!", will er dem Sicherheitsdienstangehörigen wohl signalisieren. Schließlich die Appellseite: „Gehen Sie weiter, lassen Sie mich in Ruhe!", könnte sie lauten. Allerdings kann man aus allen Seiten der Nachricht noch etwas anderes heraushören, vor allem, wenn man die Stimmlage mitberücksichtigt, nämlich: „Ich bin ohne Hoffnung und brauche deshalb dringend Hilfe. Bitte helfen Sie mir!" Welche Hilfestellung kann man nun geben? Zunächst ist ganz wesentlich, dass man die Bereitschaft mitbringt, sich auf den Mann und seine Situation – zumindest für die nächsten Minuten – einzulassen.

Mit Geduld und dem Bemühen, ihn ernst zu nehmen, kann man Vertrauen aufbauen. Zwei kommunikative Techniken sind dabei hilfreich; zum einen vorurteilsloses, offenes Fragen und zum anderen zugewandtes aktives Zuhören.

Offen fragen bedeutet, dass man Fragen stellt, die man nicht einfach mit ja oder nein beantworten kann, sondern zu deren Beantwortung man erzählen oder erklären muss (z. B. „Wie kommt es, dass Sie hier im Auto sitzen, obwohl die Bank längst zu hat?"). Wer so fragt, bekommt Informationen und erfährt vielleicht das, was er zum Verständnis braucht. Warum-Fragen sind übrigens weniger geeignet. Sie wirken bohrend und bedrängend, weil sie nach Beweggründen und Hintergründen forschen, die der andere vielleicht noch nicht preisgeben will.

Aktiv zuhören bedeutet, dass man genau hinhört, was der andere sagt, dass man ausreden lässt und zum eigenen Verständnis schon mal das Gesagte in eigenen Worten wiederholt (Paraphrasieren). Körpersprache, Blickkontakt und Mimik spielen dabei eine große Rolle. Nur wenn der andere wirklich das Gefühl bekommt, dass sich da einer ernsthaft um ihn kümmert, kann diese Art der Krisenkommunikation Erfolg haben. Erfolg heißt in diesem Fall, dass der Mann sich überhaupt helfen lässt, also z. B. das Angebot der Sicherheitskraft annimmt, mit in die Räume des Sicherheitsdienstes zu kommen, wo man bei einer Tasse Kaffee das Eintreffen eines Familienangehörigen oder eines Arztes oder Psychologen erwarten kann …

Frage 16

Sie führen als Sicherheitskraft in einem Betrieb für medizinischen Gerätebau eine Taschenkontrolle durch. In der Aktentasche eines Mitarbeiters entdecken Sie ein kleines, aber hochwertiges Messinstrument. Sie vermuten, dass es gestohlen ist, während der Mitarbeiter beteuert, es handle sich um ein Ausschussstück, das weder funktioniere noch zu reparieren sei.

Jedenfalls entschließen Sie sich zu einer Befragung in Ihrem Dienstraum.

Wie sollten Sie die Befragung durchführen, um möglichst wahrheitsgetreue und verwertbare Aussagen zu erhalten? Welche Art von Fragen ist ungünstig?

2.3 Situationsbezogenes Kommunizieren

2.3.1 Kommunikatives Verhalten gegenüber Jugendlichen

Frage 17

Jugendliche, die früher als „Lehrlinge" ihre ersten Berufsjahre absolvierten, wurden gern zu allerlei Botengängen und Aufräumarbeiten herangezogen, zu Arbeiten also, die mit ihrer Ausbildung nichts zu tun hatten. Wenn sich die Jugendlichen darüber beschwerten, hieß es: „Lehrjahre sind keine Herrenjahre."

Welche Einstellung der Erwachsenen gegenüber Jugendlichen kommt in diesem Spruch zum Ausdruck?

Welches Verhalten erwarten und erhoffen sich dagegen junge Auszubildende von Erwachsenen ihnen gegenüber in der heutigen Arbeitswelt?

Antwort 16

Ziel jeder Befragung ist es, möglichst viele und möglichst wahrheitsgetreue Informationen zu gewinnen. Deshalb ist es wichtig, eine Befragungsatmosphäre zu schaffen, die den Befragten „öffnet", so dass er von sich aus wahrheitsgemäße Aussagen macht.

Dazu sollte ich als Sicherheitskraft:

- im Dienstraum eine angenehme Atmosphäre schaffen und ein Vertrauensverhältnis aufbauen (den Befragten auf einem bequemen Stuhl Platz nehmen lassen, Zigaretten und Kaffee anbieten, grelles Licht vermeiden),
- mit einer „Eisbrecherfrage" beginnen (z. B. „Könnten Sie einfach mal sagen, wie sich die Sache für Sie darstellt?"),
- offene Fragen stellen (d. h. Fragen, die nicht einfach mit „ja" oder „nein" zu beantworten sind, sondern den Befragten aus der Reserve locken; z. B. „Was haben Sie im Verpackungsraum gemacht?", statt „Haben Sie im Verpackungsraum das Messinstrument an sich genommen?"),
- sachliche und faire Fragen stellen (z. B. wäre die Frage „Warum haben Sie das getan?" unfair, weil sie bereits die kriminelle Tat unterstellt; solche Fragen heißen *Suggestivfragen,* sie sind schon deshalb zu vermeiden, weil sie den Befragten in die Enge treiben und damit Lügen oder Ausflüchte provozieren).

Antwort 17

In dem Spruch kommt die Überzeugung vieler Erwachsener zum Ausdruck, Jugendliche müssten erst einmal lernen, und zwar nicht nur ihr Ausbildungsfach, sie müssten vielmehr auch lernen, sich in die Arbeitswelt der Erwachsenen einzufügen und sich dabei unterzuordnen.

Jugendliche heute werden zwar im Prinzip den Spruch akzeptieren, aber doch die Unterordnung unter eine von den Erwachsenen geprägte Ordnung in Frage stellen. Vor allem reagieren sie ungehalten, wenn man sie als Person und Kollege nicht ernst nimmt. Jugendliche wollen als vollwertige Mitarbeiter anerkannt werden. Sie wünschen sich eine faire Behandlung, wo sie weder ausgenutzt noch links liegen gelassen werden. Freilich hoffen sie, dass man auf ihre Unsicherheiten, auf ihre jugendspezifischen Probleme und Empfindlichkeiten Rücksicht nimmt.

2.3.2 Kommunikatives Verhalten gegenüber ausländischen Mitbürgern

Frage 18

In deutschen Wirtschaftsunternehmen arbeiten Millionen von Menschen, die keinen deutschen Pass besitzen. Die meisten sind schon sehr lange hier, viele sind hier geboren und aufgewachsen. Andere kamen im Rahmen von Familienzusammenführungen ins Land, sind arbeitsberechtigte EU-Ausländer oder können eine „green card“ vorweisen. Was können Sie als Sicherheitskraft tun, um ausländischen Betriebsangehörigen die Eingewöhnung zu erleichtern und Konflikte im Umgang mit ihnen erst gar nicht aufkommen zu lassen?

2.3.3 Kommunikationsstrategien gegenüber Demonstranten

Frage 19

Vor dem Haupttor eines Chemieunternehmens kommt es zu einer spontanen Demonstration. Eine Gruppe von Bewohnern des angrenzenden Stadtviertels hat sich mit Transparenten zu einer Torblockade versammelt, nachdem das Gerücht entstanden war, im Werk sei giftiges Gas ausgeströmt.

Obwohl die Polizei alarmiert ist, erhält der Sicherheitsdienst den Auftrag, durch geschicktes Einwirken auf die Demonstranten dafür zu sorgen, dass die Tordurchfahrt unverzüglich für wichtige Transporte frei wird.

Wie würden Sie als Sicherheitskraft vorgehen? Denken Sie bitte daran, dass es auf eine gewaltfreie, aber rasche Aufhebung der Torblockade ankommt.

Antwort 18

Ausländische Betriebsangehörige sollte man behandeln wie deutsche Kollegen auch. Sie tun die gleiche Arbeit und haben die gleichen betrieblichen Rechte und Pflichten. Zur Gleichbehandlung gehören die Anrede mit „Sie" und eine normale Ausdrucksweise.

So unterschiedlich die Herkunft der Ausländer, ihre berufliche Qualifikation und ihre bisherige Lebensspanne in Deutschland ist, so unterschiedlich wird auch ihr Verhalten sein. Es gibt voll integrierte und als Ausländer kaum noch erkenntliche Kollegen mit nicht-deutschem Pass und es gibt immer noch solche, die die größten Schwierigkeiten der Eingewöhnung haben. Als Sicherheitskraft kann man gerade Neuankömmlingen eine große Hilfe sein, indem man ihnen Wege zeigt, manchmal auch mitgeht, das eine oder andere erklärt. Vermeiden sollte man jedes Gehabe von oben herab und jede abwertende Anspielung auf Herkunft, Sprache und Kultur. Mentalitätsunterschiede, Ehrgefühl, Nationalstolz und andere Besonderheiten sollte man unbedingt respektieren.

Antwort 19

Der Sicherheitsdienst hat nicht die Aufgabe, die Demonstration aufzulösen. Er muss auch das „Sit-in" der Leute nicht unterbinden. Vielmehr genügt es, die Tordurchfahrt freizubekommen. Mit dieser Strategie im Kopf kann ich mich als Sicherheitskraft darauf beschränken, die Demonstranten zum freiwilligen Räumen der Fahrbahn zu bewegen. Ich würde ihnen nach einer höflichen Aufforderung, die Durchfahrt freizumachen – der sie wahrscheinlich nicht nachkommen werden –, als Kompromiss anbieten, neben der eigentlichen Fahrbahn das „Sit-in" weiterzuführen. Jeder Bereich des Haupttores, der das Passieren der Transportfahrzeuge ermöglicht, wäre akzeptabel.

Wichtig ist, dass ich nicht die ganze Gruppe, sondern nur eine Person anspreche. Dazu muss ich durch kurze Beobachtungen herausbekommen, wer der Anführer oder Sprecher der Gruppe ist. In jeder Gruppe bildet sich ein Gruppenführer binnen kürzester Zeit heraus. Diesen Führer nehme ich mir zur Seite und versuche, über ihn die Gruppe zur Beendigung der Blockade zu veranlassen, nicht zuletzt, indem ich seine besonderen Einflussmöglichkeiten auf die anderen hervorhebe. Damit schmeichle ich ihm und bringe ihn in den Zugzwang zu beweisen, dass er mein Vertrauen in ihn auch rechtfertigen kann.

2.3.4 Kommunikatives Verhalten bei Panikgefahr

Frage 20

Der Sicherheitsdienst, dem Sie angehören, ist mit dem Sicherheitsmanagement eines Musik-Events in einer ehemaligen Fabrikhalle beauftragt worden. In der gut gefüllten Halle befinden sich 3 000 junge Menschen, als in einem rückwärtigen Nebenraum Feuer ausbricht. In der Halle ist davon noch nichts zu spüren, aber die Gefahr besteht, dass sich das Feuer ausbreitet oder zumindest Rauch oder Brandgeruch die Halle erreichen. Damit ist auch die Gefahr einer Massenpanik gegeben. Sie persönlich sollen nun mit einer Durchsage über die Lautsprecheranlage die Leute veranlassen, die Halle zu räumen. Worauf kommt es bei dieser Durchsage an? Was sagen Sie den Leuten?

Antwort 20

Es kommt wesentlich darauf an, dass die jungen Leute die Halle zügig, aber geordnet verlassen. Erweckt die Durchsage den Eindruck, da wäre zwar etwas nicht in Ordnung, aber man hätte noch Zeit und es käme auf die Minute nicht an, könnte sich die Evakuierung der Halle zu lange hinziehen, mit der Gefahr, dass ein übergreifendes Feuer die Menschen erfasst oder erkennen lässt, dass sie sich in Lebensgefahr befinden. Ein Paniksturm mit Toten und Verletzten an den Engstellen und Ausgängen wäre dann die mögliche Folge. Erweckt die Durchsage andererseits den Eindruck, man befände sich bereits in Lebensgefahr und nur eine sofortige Flucht, auch auf Kosten anderer, brächte noch Rettung, wäre ebenfalls mit einer Panikreaktion zu rechnen. Auch in diesem Fall könnte es an den Engstellen Opfer geben, da die einsetzende Flucht für ein Durchkommen aller zu schnell und zu ungeordnet verliefe.

Es kommt also in einer Gefahrenlage wie dieser auf die richtige Dosierung der Durchsage an. Einerseits muss jedem deutlich werden, dass man mit der Räumung unverzüglich beginnen muss, andererseits muss die Gewissheit erhalten bleiben, dass niemand zu Schaden kommt, wenn man nur den Anweisungen der Durchsage folgt.

Die Durchsage selbst sollte, um befolgt zu werden, folgende Charakteristika aufweisen: Sie muss erstens die Aufmerksamkeit aller erregen, und zwar bereits mit der Anrede und dem ersten Satz. Sie muss zweitens in wenigen und knappen Worten darüber informieren, was Sache ist. Sie muss drittens den sofortigen Drang bzw. die Motivation auslösen, das zu tun, wozu die Durchsage auffordert. Und viertens muss die Durchsage klare Anweisungen geben, so dass jeder genau weiß, was er konkret machen soll. Man nennt diese vier Aspekte, also **Aufmerksamkeit** erregen, **informieren**, Handlungs**drang** auslösen und konkret **anweisen**, auch die **AIDA**-Regel.

In unserem Fall könnte die Durchsage demnach lauten: „Alles unbedingt herhören. Wir haben einen Brand backstage. Vorsorglich werden wir deshalb in aller Ruhe, ich betone, in aller Ruhe, die Halle räumen. Jeder bleibt, wo er sich im Moment befindet, bis ich sage, dass er gehen kann. Alles hört jetzt auf mein Kommando. Die Leute direkt an den hinteren Türen gehen jetzt zügig, aber ruhig nach draußen. Alle anderen bleiben noch da . . .“

Man beachte die kurzen Sätze und die einfache Wortwahl. Wichtig ist auch, positiv zu formulieren, d. h. Verneinungen zu vermeiden. Statt „Gehen Sie noch nicht!“ muss es heißen „Bleiben Sie noch, wo sie sind!“ Statt „Warten Sie nicht länger!“ sagt man „Gehen sie jetzt!“ usw. Außerdem wirken Worte

2.3.5 Maßnahmen der Panikprävention

■ **Frage 21**

Zur Faschingszeit findet im großen Kantinenraum eines Unternehmens ein Ball statt. Der Sicherheitsdienst hat den Auftrag, alle notwendigen Sicherheitsvorkehrungen zu treffen.

Woran haben Sie als Leiter des Sicherheitsdienstes zu denken, um auch für Unglücks- und Katastrophenfälle gerüstet zu sein und um einer Panikentstehung vorzubeugen?

zu Antwort 20

wie „Ruhe“, „Sicherheit“ oder „Rettung“ tatsächlich beruhigend. Begriffe wie „Gefahr“ oder „Panik“, selbst in der Negation („Es besteht kein Grund zur Panik!“), sind dagegen unbedingt zu vermeiden; denn das Wort als solches, also beispielsweise das Wort Panik, erreicht das Bewusstsein schneller als das beschwichtigende Nein oder „kein Grund“. Somit machen solche Formulierungen Angst anstatt Mut zuzusprechen und zu beruhigen. Schließlich sind Anweisungen genau in der Reihenfolge zu geben, in der sie zu befolgen sind. Der Empfänger der Nachricht sollte immer wissen, was er als Nächstes wie und weshalb zu tun hat.

Antwort 21

Als Leiter des Sicherheitsdienstes würde ich an folgende Sicherheitsvorkehrungen denken:

- Durchgangsmöglichkeiten, Fluchtwege, Notausgänge,
- Überprüfung der Türen- und Fenstervorrichtungen, der Inneneinrichtung und speziell der Bühne für die Musikkapelle,
- Überprüfung aller technischen Anlagen (Lichtanlagen, Lüftung/Heizung, Sprinkleranlage etc.),
- Checklisten für Zwischenfälle,
- vorbereitete Lautsprecherdurchsagen für Zwischenfälle, ggf. Lautsprecherschulung,
- Absprachen mit allen Personen, mit denen ich in Sicherheitsfragen zusammenarbeite oder im Katastrophenfall angewiesen bin (Kantinenwirt, Hausmeister, Werksfeuerwehr, Veranstalter und Verantwortliche des Faschingsballs),
- Einlasskontrollen.

Sachregister